AF455712

AU PEUPLE FRANÇAIS.

LETTRE A UN AMI,

SUR

LA TURQUIE ET L'ÉGYPTE,

OU

RÉFLEXIONS SUR LES AFFAIRES D'ORIENT,

AVEC QUELQUES CONSIDÉRATIONS ACCESSOIRES QUI S'Y RATTACHENT,
LE TOUT RELATIVEMENT A LA FRANCE;

PAR TH. TEULIER,
journalier-manœuvre.

Paris,

RENARD, rue Sainte-Anne, 71. || DELAUNAY, Palais-Royal.
PISSIN, place du Palais-de-Justice, 1.

1839.

LETTRE

SUR

LA TURQUIE ET L'ÉGYPTE,

OU

RÉFLEXIONS SUR LES AFFAIRES D'ORIENT, ETC.

Cette lettre, écrite à la hâte et sans préméditation, n'était pas destinée à la publicité; même c'est plutôt une esquisse, un simple aperçu sur la question Orientale, pouvant servir à de longues et à de savantes dissertations, que la question exclusivement traitée.

Beaucoup de questions, même de la plus haute importance se rattachant à celle-là, n'ont pas dû être abordées quant à présent.

Mon cher V..., je vous consacre ces trois soirées. Ce ne sera pas tout-à-fait comme si vous étiez là en personne, cependant, mais toujours sera-ce beaucoup pour moi, puisque je penserai à vous, c'est-à-dire à quelqu'un qui m'est sincèrement attaché.

Se verrait-on plus souvent que nous ne le faisons, ce qui n'est que peu, je ne vois pas pourquoi la plume ne s'exercerait pas comme intermédiaire.

Vous le savez; quelque droit que comme tout autre j'aie de le faire, je m'occupe cependant assez peu de politique. Les dix heures d'horloge que je passe au chantier au bois (de la Salpétrière) à m'acquitter scrupuleusement de ma profession d'ouvrier journalier ne sauraient guère me le permettre. Toutefois, ferais-je peut-être d'autant plus mal que rarement j'ai mal prévu et apprécié les choses et les événemens, puisque les discussions et les faits au dehors comme au dedans, de même que les différentes feuilles extérieures et les nôtres ont presque toujours justifié toutes mes prévisions. Elles n'ont pas été et ne sont pas d'une mince importance, puisqu'il s'agit d'intérêts si majeurs que les cinq grandes puissances ont été et sont appelées à régler, comme de ceux prêts à subir leur libre arbitre, selon que le stipule le droit des nations.

Les affaires de Belgique et de Hollande, vous le savez, mon ami, se sont successivement acheminées, comme je l'avais prévu; alors qu'une dernière disposition des trois cours du Nord auxquelles s'adjoindra infailliblement le cabinet de Saint-James, s'il ne l'a déjà fait au moins par la pensée, veut mettre la dernière main à l'œuvre qui a si évidemment fait triompher trois principes essentiellement conservateurs, mais progressifs dans leurs conséquences, dans l'ordre politique et moral : le principe monarchique de la légitimité ; le principe libéral dans sa véritable extension ; le principe industriel et commercial dans tous ses développemens, principes qu'on n'aurait jamais cru devoir marcher ensemble et surtout pour avoir simultanément un égal triomphe.

Peut-être ne sont-ils pas bien nombreux ceux qui dès son origine, et dans toutes ses suites ont connu et justement apprécié la question Hollando-Belge.

Plus les événemens marchèrent, plus cette question prit d'accroissement et d'importance, car à elle se liaient évidemment, soit en mal, soit en bien, les destinées des autres États.

D'autres événemens appellent aujourd'hui toute la sollicitude de nos diplomates.

Depuis longtemps, comme à l'époque du moyen-âge, quoique par des motifs différens, l'Orient attire dans son orbite le mouvement politique tout entier et prescrit de la part de l'Europe la plus sérieuse attention.

Depuis plusieurs années, quelques notions, successivement dues au hasard, me disaient que l'Afrique et l'Asie allaient jouer un rôle et même d'une immense importance dans le mouvement rapide si fortement imprimé aux différens États du continent dès longues années. Il n'était pas encore question du littoral que nous occupons sur les côtes d'Alger et bien moins des possessions qui s'étendent au loin.

Dans une note que j'écrivais à la hâte, il y a 5 à 6 ans, à T..., et que je donnai à celui qui lui succédait, je passais en revue les rapports des différens cabinets entre eux, en marquant la tendance de tous vers la France, soit effective, soit commandée par les événemens ou les probabilités. Je ne sais où est passée la note, mais le fait est que les circonstances qui ont eu lieu depuis et celles qui se présentent aujourd'hui rendent exacts les dires qui y sont contenus.

Formé depuis longtemps, les causes remontant même à plus d'un siècle, l'orage qui gronde dans le lointain et menace deux puissances d'une conflagration manifeste, présageait la tempête.

L'avais-je bien prévu? plus de doute aujourd'hui; je disais: (je n'ai intention que de citer les faits; chaque puissance a sa politique). « La Russie, fidèle à une ligne de conduite « tracée de longue main, fait plus que voir de loin aujour- « d'hui. Par le fait, rapprochée des Dardanelles, et comme « jetant l'ancre dans le Bosphore, elle semblerait s'impa- « troniser même jusqu'au cœur de l'empire Ottoman.

« L'Angleterre, justement effrayée, a vu avec ombrage « cette innovation de puissance, et a jugé comme inutile « et plus qu'importune toute inspection sur ses vaisseaux « d'aller et de retour. »

Du plus au moins, les puissances du continent se seraient comme effrayées d'un accroissement de puissance du cabinet de Saint-Pétersbourg, qui progressivement successif, ferait dans ces parages comme une espèce de monopole à son profit de la Méditerranée, plaçant ainsi le commerce européen comme à la merci de ses caprices.

Quels que puissent être les desseins du Czar, sa politique marcherait aujourd'hui vers ce but, au moins selon les apparences, et ce qui se prépare hâterait l'accomplissement de ses désirs, sauf les stipulations ultérieures des autres puissances; mais j'ajoutais: l'homme si éminemment capable, dirigeant la politique russe, M. de Nesselrode, comme les nobles intentions de son maître et la politique de leur cabinet, sont évidemment pour la France; leurs intérêts le veulent.

Quels que soient les événemens d'aujourd'hui, j'ai assez suivi, quoique les notions n'aient été pour moi qu'avec tant de parcimonie, la politique russe, pour pouvoir assurer que les sentimens de l'empereur Alexandre pour la France sont aujourd'hui dans le cœur de l'empereur son frère, comme dans celui de son premier ministre et dans toute la politique du cabinet ; et que même partout où l'influence russe domine, soit par liaison de famille, soit par ascendant politique, il en est de même.

Je ne me suis en rien trompé ; je disais alors, « quant à « M. de Metternich, craignant plutôt les contre-coups que « l'action directe, partout il examine, il combine, il lou- « voie ; mais sur l'avenir lui semble nébuleux, et en outre « de ses sentimens personnels, les intérêts de sa politique « le portent à de continuelles relations amicales avec la « France que, dans les plus douces comme dans les plus « sérieuses habitudes, il apprit si agréablement à connaître « sur notre propre sol. Jusqu'à aujourd'hui les événemens « de partout ont bien plus fortement commandé de sa part « de resserrer et d'étendre de tels rapports.

Quant à l'Angleterre, qui, lors même que ses sentimens de sympathie avec la France n'existeraient pas comme ils existent aujourd'hui, trouverait dans la conservation de ses plus chers intérêts de vouloir avec nous une alliance franche et durable, je disais, en parlant de ce ministre vraiment habile, si prudent et si sage, voulant la paix du monde et cimentée sur des principes de longévité, lord Palmerston, dont la sagacité des plus judicieuses prévisions est bien plus que prouvée, je disais : « L'ombre de lord Castlereagh, « cet homme admirable qui sut élever si haut la gloire et « la puissance britanniques, a évidemment reparu dans les « conseils de la Grande-Bretagne.

« Si on pouvait lire, ajoutais-je, au cœur des secrets de « la politique du cabinet de Saint-James, on trouverait que « son *étoile polaire*, c'est la France, telle qu'elle sait la pré- « voir dans un temps donné. »

Tout s'est vérifié à la lettre, soit sous le ministère de lord Grey, soit aujourd'hui sous celui de lord Melbourne.

Toute la tendance des Wigts est et doit être celle-là, et quoique, par des raisons contraires, celle des Tories devrait être la même, vu la nature des choses et le germe et les développemens successifs des événemens qui se préparent au delà du ciel de l'Europe. J'ajoutais encore : « de la part de chaque

« puissance, tout marche, tout gravite vers la France, comme « centre d'où doit découler pour chacune une action utile à « son bien-être comme à sa conservation. C'est ainsi qu'ont « su le voir, et par leurs propres lumières et par la force des « variations continuelles de la politique européenne, consé- « quences de tant d'événemens toujours imprévus, ceux qui « raisonnent juste. »

Aussi, dans les élans du patriotisme le plus pur mais le plus éclairé, comme je prévoyais le rôle imposant et solennel que notre belle France était destinée à jouer dans quelques années, au sein de la civilisation européenne, chaque puissance recevant forcément, de la direction même de sa politique et de sa situation intérieure, une impulsion continuelle, devant opérer ou le mal ou le bien dans chaque, presque selon ses désirs.

Laissant de côté, au-delà du continent, le théâtre où tant d'autres événemens se sont accomplis devant y en amener bien d'autres, je ne portais ma pensée que dans les mers du Levant. Là, quelles que dussent être les chances de grandes commotions politiques qui s'y préparaient, la France, par la conséquence même de toutes ses anciennes relations et aussi vu tant d'autres innovations si utilement progressives, devait y trouver d'incontestables et de continuels avantages.

Aujourd'hui, sur ces plages lointaines, mon ami, où tout aurait marché selon que je l'aurais plus ou moins prévu, les choses et les hommes ont pris un caractère et une physionomie plus explicitement expressifs, et toujours au bénéfice de notre patrie.

Cependant, je ne vois presque personne, et quelques amis, qu'encore je ne puis voir comme je le désirerais, ne se mêlent en rien de politique ; à peine si quelques autres y touchent. Je n'ai que les journaux, je les lis même assez rarement, il est vrai qu'alors que je les ai dans les mains, rien de leur exposé n'échappe à mon attention, soit de leurs propres dires, soit de leurs extraits du dehors.

Eh bien ! est-elle enfin comprise cette question d'Orient, question vitale pour tout ce qui touche aux intérêts politiques et commerciaux de l'Europe ? Nos chambres, pour lesquelles je professe si bien le respect qui leur est dû, ont-elles vu, voyent-elles cet horizon immense où se dessinent, depuis si longtemps les plus sombres, comme les plus expressives couleurs ! que le prisme toutefois les rendrait belles et séduisantes pour la France !

Quoique dans mon infiniment petit, ma politique a toujours eu et aura toujours pour base et pour mobile les *intérêts de la propriété territoriale* et les *intérêts industriels et commerciaux de la France.* Dans ces trois choses, qui embrassent toutes les destinées physiques du bien-être de la France dans leurs causes et leurs effets, est évidemment le principe de vie qui doit plus ou moins animer la partie vitale qui fait prospérer une nation. Il me faut donc désirer et vouloir tout ce qui peut activer le bien que peut produire ce que veulent ces trois principes d'utilité et de prospérité générale.

Le *Constitutionnel*, à juste titre mon journal de prédilection de longues années (j'ai peu lu les autres journaux sur cette question), a touché au doigt la vérité de la question d'Orient, quant à l'intérêt physique et moral de la France; alors ajouté-je, qu'une telle situation serait favorable aux deux Etats dont il s'agit, situation, dis-je moi, devant maintenir l'équilibre entre les autres puissances, en faisant même avorter des prétentions exclusives d'intérêt personnel: c'est le vrai et le seul terrain où est placée la question d'Orient.

Avais-je dit vrai, lorsque si souvent, je citais ma pensée quant aux conséquences de l'acte d'abdication, se réalisant de plus en plus partout (1).

Les chambres ne peuvent guère voir la question que telle

---

(1) *J'avais eu l'intention de mentionner ici l'acte d'abdication de Charles X et du dauphin en faveur de leur petit-fils et neveu Henri V; mais faute de temps et ne pouvant alors donner les développemens nécessaires, j'ai dû renvoyer ce soin à d'autres circonstances.*

C'est dans son ensemble et ses détails que j'eusse examiné cet acte d'une si immense et si solennelle importance, soit pour la France, soit pour l'Europe.

Toutefois, je n'eusse cessé d'être dans mon droit, puisé dans la pleine liberté laissée par la Charte et les lois à tout français de discuter dans de sages limites tout ce qui intéresse son pays.

Je l'aurais fait avec les égards et tout le respect que commande un tel sujet et les puissans intérêts qu'il comporte, comme avec les sen-

que le journal précité la pose avec les développemens et les conséquences, si habilement exposées dans le *Journal des Débats* du 1er juin dernier (2). J'engage quiconque s'occupe

---

timens sincères que je n'ai cessé de manifester pour Louis-Philippe, roi des Français.

Je dirais la même chose quant à la révolution de juillet, je voulais la caractériser avec quelques détails dans ses causes, dans son apparition, dans les conséquences qu'elle a eues, comme dans celles qu'elle devait avoir.

(2) L'article du *Journal des Débats* du 9 juin continue et finit les considérations qu'il a présentées dans une suite d'articles.

Le présent numéro continue d'énumérer les causes où est exposée la dissertation lumineuse dont fait partie le numéro que j'ai cité. Qui s'occupe de politique, doit vouloir les parcourir tous; j'y engagerais même fortement.

Le dernier article est signé d'un homme justement célèbre dans la république des lettres, M. St-Marc Girardin (j'ignore si les autres sont de lui); c'est surtout la jeunesse française qui peut proclamer et justifier cette haute réputation littéraire; elle qui, au collége de France, a eu et a si souvent occasion d'applaudir à ses brillans et si mérités succès, en même temps que tant de fois la tribune nationale s'est enrichie aussi des savantes et judicieuses dissertations du même orateur. Une polémique habile devait aussi le compter au nombre de ses actifs propagateurs.

La multiplicité des détails, quant aux choses et quant aux personnes, avec les aperçus si lumineux sur les questions d'Orient, avec tout ce qui meut les différens part-prenans prouvent au-delà de ce qu'on pourrait dire, ce qu'est l'homme qui a réellement étudié la situation des choses dans le Levant. Toutefois, je ne saurais adopter ses sentimens de quiétude, quant aux suites comme quant aux intentions présentes de la chancellerie russe et du cabinet de St-James entre eux.

Plus les choses marchent, abstraction faite même si on le voulait, de tout ce qui touche à l'empire Turc et à l'Égypte, plus les situations respectives de la Russie et de l'Angleterre se compliquent.

Le publiciste du *Journal des Débats* éloigne toutes les probabilités de guerre entre ces deux puissances, prétendant que de fausses susceptibilités voudraient les voir dans les seules expressions des notes échangées entre les deux cours.

D'abord, cela pourrait être, car le langage diplomatique ne comporte en rien le style irritant et qui offense l'orgueil des nations; il ne peut et ne doit le tolérer, leur dignité le commande; quelque funestes qu'en soient les conséquences, il a toujours été et sera toujours une cause de froideur entre les cabinets, présageant ruptures éclatantes et souvent amenant *ipso facto* le différend par les armes. Or, dans toutes les notes de la chancellerie russe, comme dans celles du ministre des affaires étrangères de la Grande-Bretagne, les expressions sont en grand nombre, et les phrases multipliées qui portent évidemment à l'irritation. Quelle

de politique et qui pense sérieusement aux intérêts de son pays à les lire ; l'article est fait de main de maître et à coup sûr par quelqu'un qui a été longtemps initié aux secrets et aux combinaisons de la haute politique.

Sauf quelques passages, sauf d'assez longs développemens et la pureté et la clarté du style, cet article si essentiellement remarquable pour tout politique et pour tout ce qui serait la bourse en France, serait comme le corollaire et l'ampliation habile et savante de la note écrite par moi dont je vous parlais tout-à-l'heure (3).

Je désirerais bien vivement que cet article et sa suite passassent sous les yeux de notre illustre président du conseil et de ses collégues. — Oui, illustre ! si vous ne pouvez lire toute ma pensée, concernant ce noble guerrier que j'admirerai toute ma vie ; vous savez avec quel sentiment

---

que soit l'urbanité qui préside à leur rédaction, l'intention n'est que bien plus prouvée.

Mais, c'est le fond de la pensée, la portée des choses dites que le politique doit saisir dans les rapports diplomatiques, comme les réponses évasives, ou négligées, auxquelles il doit s'arrêter, car là est en effet toute la tendance comme tout le positif des parties.

Eh bien! que n'y a-t-il pas et de plus en plus à comprendre et à saisir dans toutes les notes échangées depuis si longtemps entre ces deux puissances? là seulement serait la guerre! mais dans tout ce que j'ai cité qui est si explicitement textuel, y a-t-il à s'y tromper?

D'ailleurs, les divers incidens de tous les jours, soit de la part de la Porte, soit de la part de l'Egypte, soit les causes des fermens de discorde dans l'Inde, soit ce qui s'est passé en Perse et s'y continuerait, disent assez les chances prochaines, quant aux deux États réciproquement, même imminentes.

La feuille citée dit que ce n'est qu'une guerre de rivalité, quant aux intérêts commerciaux que ces deux puissances veulent établir. Je cite et n'examine pas.

Mais la même est la cause incessante d'en venir aux mains pour la Russie et l'Angleterre.

Cette rivalité d'intérêts commerciaux ne peut évidemment s'établir dans l'Inde, comme dans quelques autres parties de l'Asie, entre ces deux puissances, qu'au préjudice immense d'une des parties, même sur les ruines de l'une d'elles ; donc, entre elles, la guerre est flagrante, et par toutes espèces de causes de part et d'autre, n'y aurait-il que des motifs naturellement plausibles.

(3) Si mes dissertations sont autres que celles des feuilles précitées, comme de celles que je n'aurais pas lues, je n'en reconnais pas moins dans ces feuilles diverses le mérite qui leur est propre.

de vénération j'en parle toujours. Oui, le maréchal Soult est l'idéal de la perfection humaine réalisé ; vu toute sa vie qui n'est qu'une continuité des plus éclatans triomphes, lui en qui est comme personnifiée la gloire militaire comme en lui identifiées l'armée et la garde nationale ; vu son ministère sous le roi Louis-Philippe ; son ovation vraiment triomphale au couronnement de la reine d'Angleterre, au sein d'une nation puissante, si magnifiquement démonstrative dans tout ce qui touche aux hautes convenances de l'orgueil national.

Les rois ont pour le maréchal Soult une estime vraie, comme leurs ministrés en lui une confiance qu'inspirent sa grandeur d'ame comme la loyauté de son noble caractère.

Les ministres trouveraient dans cet article de précieuses notions et les chambres de grands éclaircissemens, de même que dans celui du *Constitutionnel* du 13 juin dernier. Avec beaucoup de raison, le *Constitutionnel* a dit : la politique de la France, dans l'Orient est : le *statu quo*. C'est aussi tout-à-fait ma pensée, la France le rendant et pouvant le rendre tel que l'ascendant et la prépondérance de sa politique le commandent ; les deux puissances en litige naturellement enclines qu'elles sont à vouloir presque à tout prix son amitié, et les intérêts de toutes les autres puissances les portant à une continuelle et bonne intelligence avec elle.

Ce *statu quo*, c'est de ne pas plus vouloir sacrifier le sultan que le vice-roi d'Egypte, mais de tout concilier, en affranchissant ce dernier de la dépendance de la Porte, tout en donnant à celle-ci un droit conditionnel de suzeraineté sur l'Egypte.

Ces thèses, savamment développées dans les feuilles mentionnées, s'offenseraient de mes insuffisantes dissertations ; il est mieux de les lire textuellement, moi donnant ma pensée telle qu'elle est.

C'est un fait incontestable : l'empire turc, comme puissance indépendante, importe à l'intérêt de toutes les puissances européennes ; partagé au bénéfice de toutes, ou seulement captif d'une seule, là est une source intarissable de calamités pour les divers États : cette question est immense dans les conséquences qu'elle présente, résolue des deux manièes précitées.

Quant à l'Egypte, si sa situation présente mérite de la part de tout politique une sérieuse attention, c'est surtout toutes les éventualités où elle peut surgir, qui, au plus haut degré, doivent intéresser et vouloir de savantes et de profondes méditations.

Mais à quelles considérations doit s'arrêter la France? C'est qu'à toutes les époques et quelles qu'aient été les chances des événemens politiques, la Porte a toujours été l'alliée fidèle et sincère de la France. A l'instant même où, par la séparation de la Moldavie et de la Valachie, et de la Grèce, on morcelait sa puissance, à l'instant même où la marine française se couvrait de gloire et faisait revivre les plus beaux jours de son antique splendeur, et où tout le mérite d'une action si solennellement mémorable appartenait tout entière au pavillon français sous le commandement d'un vrai Nestor de la marine française, l'honorable amiral Halgan, l'empire ottoman aimait la France.

Quel instinct délicat et quelle politique prévoyante et judicieuse de la part de Sa Hautesse lisant dans l'avenir, présageant et le précisant elle-même, instabilité forcée dans les destinées présentes de la France et se refusant à recevoir notre ambassadeur.

C'est plus encore: sans pouvoir prévoir cependant des secours prompts et suffisamment efficaces, voyez, mon ami, le sultan Mamoud, vraiment homme de génie, et se sentant justement capable de grandes choses pour ses peuples, s'abandonner avec confiance à l'ambassadeur français (4) voulant rattacher sa politique à une direction tout-à-fait indépendante, lui la combinant avec d'autres intérêts si essentiellement liés à ceux de la France.

A l'instant même, notre ambassadeur peut exercer une influence réelle dans les conseils de la Porte, alors que de la part de sa politique une bienveillance marquée est évidemment pour les probabilités où nous pourrions nous trouver.

---

(4) Le lieutenant-général Guilleminot.

La Grèce, ai-je dit, la Grèce! à ce nom seul, tout ce qui fait la gloire et la grandeur des empires se présente à l'imagination pour l'agrandir et la transporter dans la réalité du sublime! la Grèce qui, après avoir enseigné à tous les peuples, même aux Romains qui furent nos maîtres, tous les arts même celui de la guerre, la Grèce, dont les monumens, les traditions, les erremens et les actes, après deux mille ans, nous servent chaque jour, dans ce qui charme et instruit la vie, et chez laquelle toutes les nations ont trouvé des leçons et des exemples jusqu'à nos jours, la Grèce, par une de ces combinaisons qui échappent à la puissance de l'homme, obligée aujourd'hui de reconquérir à grands frais son indépendance et de rechercher partout les élémens de sa reconstruction sociale!

Si tant d'intérêts rattachent à la France cette puissance nouvelle; oh! comme ils sont gravés dans son cœur ces instans où le génie de nos armes, en présence d'autres pouvoirs inactifs, brisa ses chaînes et la fit éclore à la jouissance de tous les bienfaits d'une civilisation nouvelle! Il serait bien peu prévoyant celui qui ne verrait dans cet état naissant l'assurance des plus brillantes destinées, si la sagesse, l'habileté et la prudence savent régir les accroissemens successifs de ses destinées (5).

Revenant à la Turquie pour passer à l'Egypte, je dirais, mon ami, que dans les combinaisons du sultan et de ses habiles confidens pourraient se préparer de grandes choses pour cet empire, tout en ne les cherchant pas dans les hasards des conquêtes!

L'orgueil ottoman se satisferait plus qu'on ne pense dans les souvenirs de sa grandeur passée, mais aussi dans les faits et les circonstances qui précédèrent sur ce sol, si riche en grandeur et en puissance, sa puissance nouvelle! Le musulman sentirait son cœur battre de joie et d'espérance en énumérant les prodiges sans nombre qu'une civilisation

(5) C'est le vœu et le désir continuel de son roi, que le bonheur de la patrie. Espérons que ses vues comme ses sentimens d'un patriotisme constamment actif et éclairé sortiront leur plein et entier effet! que d'hommes prévoyans et capables s'associeront aux nobles et généreuses pensées du monarque!

première enfanta dans l'antique Bizance lorsque le labarum de Constantin apparut dans les cieux.

Sans compter ce que furent au loin les vastes contrées de cet empire immense dont tant de parties successivement détachées ont amoindri la puissance, qui n'admirerait ce qui fit le merveilleux de la capitale dans les beaux et longs jours de sa grandeur !

Sans doute les Turcs aussi ont eu leurs fastes de gloire, lorsqu'ils portèrent leurs armes triomphantes jusque sous les murs de Vienne ! Mais les temps sont bien changés ! les Turcs aujourd'hui doivent tendre à un autre but et chercher une main amie, sûrs qu'il ne saurait leur en revenir que du bien.

Pour peu que le sultan Mamoud se trouve secondé, il est incontestable que des améliorations importantes sont destinées à ses peuples et que s'il ne les achève, il aura donné un ébranlement salutaire dans tout ce qu'il importe de détruire pour recréer au bénéfice de son empire; ses successeurs lui devant d'avoir fait presque le plus difficile en inculquant dans l'esprit de ses sujets la nécessité rigoureuse de si nombreuses réformes. Là même est un excitatif encore plus incessamment agissant qui porte la Turquie, et dans toutes ses parties, à sympathiser avec la France qu'elle aima toujours.

Quant à l'Égypte, l'heure de sa régénération politique a depuis longtemps sonné. Qu'ils peuvent être puissans pour elle ces souvenirs si véridiquement instructifs et dont l'appréciation peut si légitimement enflammer au plus haut point son orgueil national !

Chez vous,
Les arts prirent naissance, et l'heureuse industrie
Vint cultiver la terre, et défricher la vie,

Peut-on dire à l'Egypte, où brilla si longtemps l'éclat de toutes les gloires et tout ce qui peut immortaliser un grand peuple.

Y a-t-il puissance qui prédomine plus dans les annales des peuples, que l'Égypte! Que ne fit-elle pour le temps et pour la postérité! Tout parle à ses souvenirs, tout réchauffe et agrandit son ame!

Le génie veut encore enfanter des prodiges en tous genres,

dans ces contrées qui n'en seraient que plus vierges pour avoir plus longtemps subi le joug des destinées en tout si hétérogènes pour leur nature comme pour leurs besoins. Avides de tous les bienfaits dont la civilisation veut gratifier un peuple, ce sont les instans qui peuvent les réaliser qu'à tout prix veulent hâter les hommes vraiment capables et destinés aux plus grandes choses qui tiennent les rênes de l'État.

Les rois de l'Europe, mon ami, s'enorgueilliraient des règles invariables de conduite que pour lui et ses peuples s'est tracé Mehet-Ali, en voulant à tout prix créer une dynastie nouvelle et sceller irrévocablement les droits imprescriptibles de la légitimité. Ce sont les bases solides d'un empire nouveau appuyé sur les droits de la force et de la raison, et aussi sur la puissance du sabre qu'il veut poser, mais non en tyran et en despote, mais en roi, voulant rendre ses peuples heureux sous les auspices d'une monarchie puissante, mais sagement tempérée.

Cette réhabilitation de la puissance égyptienne paraîtrait d'autant plus probable qu'Ibrahim Pacha, fils de Mehet-Ali et héritier du trône, a la même capacité et la même fermeté que son père.

Elles sont immenses, mon ami, les relations, tant sous le rapport moral que sous le rapport physique, que l'Égypte doit avoir avec la France, alors que la pratique de notre civilisation, transportée sur son propre sol, semble tant lui sourire !

Sauf d'autres considérations, j'ai dit plus haut ce que peut être la politique de la France par rapport à l'Égypte.

Une digression toute naturelle me reporte sur nos possessions d'Afrique. Qu'y a-t-on fait ? C'était de conserver par les armes et de coloniser progressivement par la paix ; en n'allant que *piano* pour de nouvelles conquêtes ; ce climat où tant de contrées sont d'une fertilité si essentiellement remarquables !

Les a-t-on bien compris, les Arabes, cette population fière, spirituelle et belliqueuse, faisant si évidemment exception avec toute peuplade qu'on nommerait sauvage !

Chaque peuple a sa politique. Celle de cette nation qui peut devenir prépondérante est : les souvenirs et la raison des sens. Là, ce qui rapproche plus que jamais ces peuples de la France pour de réciproques avantages.

Les Arabes se souviendront que dans de mutuels et de continuels rapports, de fréquentes et d'habituelles cohabitations, leurs pères et les nôtres pendant tant d'années, trouvèrent le bonheur et toutes les jouissances de la vie! Si nous savons nous conduire, ils devront voir en nous des amis et des frères, et non d'avides et d'oppressifs dominateurs (6).

En outre d'intérêts si puissans qui lient les deux peuples pour leur commune utilité, quel Français ne se souviendrait avec sentiment des plus riantes espérances; de ce que firent dans ces contrées des conquérans bien autrement maîtres que nous ne voulons y être, puisque c'est aujourd'hui en amis que nous devons y séjourner? et comme je l'ai dit ailleurs, sur le sol brûlant de l'Afrique, et à tout instant, nos soldats triomphans ne foulent-ils pas aux pieds les cendres et les ossemens épars de ces légions romaines qui conquirent le monde!

Mais revenons à l'Autriche, que tout lie si essentiellement à la France! Heureusement elles sont éteintes, même à toujours, ces causes qui, pendant cent cinquante ans, rendirent la maison d'Autriche l'ennemie acharnée de la France! malgré les différentes commotions politiques qui ont agité si longtemps l'Europe, et même de beaucoup modifié en tout ses destinées, les sympathies de l'Autriche avec la France n'ont fait que s'accroître jusqu'à nos jours.

L'empereur, quelque puissant monarque qu'il soit, n'est cependant plus cet empereur d'Allemagne qui, en force numérique et en superficie, aurait peut-être égalé l'immense Russie.

Si, du plus au moins, le droit est resté le même, le fait s'est affaibli dans une grande proportion décroissante. Ce nombre considérable de petits États qui tous ne formaient qu'une agglomération compacte avec l'Autriche, et rendait l'empire d'Allemagne si colossal, a d'autant plus morcelé

(6) En outre de quelques propriétés qui nous restent, et de ce que nous devons à nos récens succès dans ces contrées, nous possédions dans cette partie de l'Afrique une des branches du fleuve Niger; nous y avions le monopole d'un commerce immense de dents d'éléphans, d'ambre gris, de gomme arabique, de poudre d'or, etc.

la puissance première et embarrassé tout ce que faisait et pouvait faire l'empereur sur cette étendue si vaste qui le composait.

Ce que pouvait l'empereur d'Allemagne, l'empereur d'Autriche ne le peut plus. Quel est donc l'allié nécessaire, indispensable de l'Autriche? La France, et non seulement aujourd'hui, mais encore plus dans un temps donné. C'est ce qu'a parfaitement compris M. de Metternich, et ce que paraissait vouloir aussi celui qui était son compétiteur pour la direction du cabinet de Vienne.

Les événemens qui se préparent aujourd'hui en Orient, et qui déjà peut-être agissent fort activement, resserrent plus que jamais l'alliance de l'Autriche et de la France.

L'influence de l'Autriche dans la balance de l'Europe n'en est pas moins immense pourtant. L'indépendance de droit des différens États de la confédération Germanique, allant à plus de vingt, n'en est pas moins subordonnée à l'action active et morale de l'empereur que, dans le fait, on peut toujours nommer l'empereur d'Allemagne.

C'est surtout dans les régions lointaines que l'Autriche a intérêt à maintenir une paix longue et durable, et à empêcher toute collision qui, de près ou de loin, devrait d'autant plus l'atteindre, que d'autres puissances agrandiraient plus leur influence et leur pouvoir. A ce sujet son anxiété est et doit être de toutes les minutes. Aussi, si l'homme si éminemment capable qui régit les destinées de ce vaste empire, gouverne sagement dans les faits existans, c'est surtout dans toutes les éventualités et dans toutes les prévisions que s'exerce et s'active toute sa sagacité. S'il s'attache à maîtriser, à comprimer dans le présent selon l'utilité des intérêts qui sont dans ses mains, c'est à prévenir surtout que s'étudient ses hautes pensées et toutes ses habiles combinaisons, aussi les affaires d'Orient le préoccupent-elles si fortement depuis longtemps.

La Prusse, que de grands et de constans intérêts portent à vouloir les bienfaits et tous les avantages d'une longue paix, voit la France avec des yeux constamment attentifs. Quels ques soient les sentimens d'amitié qui disposent son puissant monarque et son gouvernement en faveur de notre belle patrie, il n'en est pas moins vrai que beaucoup de raisons doivent les tenir en défiance contre toutes les éventualités de non stabilité en France.

Sans doute les alliances de famille lui font trouver un appui toujours assuré et d'autant plus prêt à agir que, soit directement ou indirectement, toute action qui la presserait, froisserait les intérêts de ceux qui lui sont plus spécialement en aide.

S. M. le roi de Prusse a souvent présentes à la pensée les paroles du grand Frédéric, ou du moins les circonstances qui pourraient en rendre le pronostic exact.

Plus que personne, vu surtout les rapports contigus de territoire, il veut en France stabilité dans les choses comme dans les personnes, donc les moyens pouvant produire de tels résultats.

Aussi, les affaires d'Orient agitent et meuvent la Prusse dans un sentiment politique bien différent que beaucoup de gens pourraient le penser. Ce qu'elle peut désirer par différentes raisons d'intérêt de famille, s'étant renforcées de peuple à peuple, elle doit le craindre par d'autres motifs, vu la rupture qui en résulterait entre la France et ces puissances.

La Prusse, dont la politique doit être essentiellement conservatrice, veut et doit être dans les sentimens de constante intelligence avec la France. J'en dirais autant de la Confédération germanique, comme de différens autres États indépendans ; énumérer, me mènerait trop loin.

Quant à la question d'Orient, selon qu'elle se résoudrait, elle pourrait être le commencement d'une conflagration générale. Les intérêts de toutes les puissances, même les plus secondaires, qui doivent être comptées et auxquelles je ferai toujours une sérieuse attention, s'y trouvent fort explicitement liés.

L'heure approche où les destinées de l'Espagne vont être irrévocablement fixées, et comme je l'ai dit depuis longtemps, par le seul moyen de satisfaire à tout et de tout consolider dans ce beau pays, capable de tout pour son bien-être, lorsque le calme intérieur lui donnera la facilité et le loisir de se reconnaître et d'agir.

Je ne traiterai pas ici la question espagnole ; les détails m'entraîneraient trop loin.

Le mémoire si détaillé, si fort en preuves, en raisonnement, en logique, publié récemment par MM. Marliani et Zéa-Bermudez (1), répond à tout et ne laisse, aux yeux de quiconque raisonne, le moindre doute sur les droits incommutables d'Isabelle II au trône des Espagnes.

Pour ma part, je dirais que Ferdinand VII, en abolissant la loi salique, était dans toute la plénitude de ses droits. A tort, on lui reprocherait d'avoir agi de son autorité privée, il n'avait qu'à se consulter lui seul, puisqu'il régnait alors comme roi absolu et que la nation le reconnaissait comme tel.

Plus tard, les cortès et les différentes compositions de pouvoirs successifs, exécutif, administratif, militaire et judiciaire, de même que la pluralité de la nation, ont reconnu légal ce nouveau mode de succession héréditaire aux droits de la couronne.

J'ajouterais aussi que les mêmes raisons qui rendaient incontestables les droits de Philippe V à établir la loi salique, agissant comme roi absolu, ne font que corroborer ceux de Ferdinand VII dans la faculté d'abroger ces mêmes droits, puisqu'il y a similitude de pouvoir, en outre de toutes les autres considérations plus que suffisantes pour que l'ordre actuel de successibilité au trône soit légal dans toute son intégrité.

Ce qui inquiète, irrite même la nation espagnole est une autre considération, plutôt la considération principale découlant du principe même qu'elle voudrait bien reconnaître incontestable. Son orgueil s'offense à la seule pensée qu'un souverain étranger viendrait dominer la nation. L'Espagne ne voudrait pas plus aujourd'hui d'un archiduc d'Autriche que d'un Philippe V, Louis XIV fût-il là pour appuyer et sanctionner son intronisation.

Il n'y a qu'une seule chance et qui même détruit tous ces obstacles et peut amener l'Espagne par une véritable fusion, comme dans un seul parti. C'est à quoi la diplomatie aurait dû sérieusement penser depuis plusieurs années.

Sans doute l'intervention à main armée est un cas fort

---

(1) Ce mémoire a été donné par le *Constitutionnel*, dans ses numéros du mois de juin dernier.

rare entre nations. Quelques circonstances exceptionnelles mais peu fréquentes peuvent seules la vouloir et la justifier; mais l'intervention par voie diplomatique est de toutes les minutes; pourquoi ne l'a-t-on pas employée, et presque depuis la mort de Ferdinand VII.

Les traités de 1815 ont toujours vie active; rien ne les a infirmés.

La Russie, l'Autriche, la Prusse, la Sardaigne et la France, s'étaient engagées collectivement à maintenir, par toutes sortes de moyens légaux, les Bourbons d'Espagne sur le trône.

L'Angleterre, il est vrai, n'avait pas souscrit le traité; mais par le fait, c'est elle qui l'a le plus ponctuellement exécuté, soit par ses conseils, soit par son argent, soit par ses armes; donc aujourd'hui, et déjà depuis longtemps même, son cabinet a coopéré activement avec les puissances signataires aux moyens de rétablir *ipso facto*, et d'une manière durable, la paix en Espagne.

La diplomatie devait agir simultanément auprès de la reine d'Espagne et de don Carlos, et faire que, d'accord réciproque, Isabelle II donnât la main au fils aîné de don Carlos. Là pouvait être le sûr garant du calme et de la paix intérieure comme au-dehors.

Mais une condition, et condition *sine quâ non*, serait de rigueur au préalable. C'est qu'à la face de l'Espagne et de l'Europe, don Carlos abjurât solennellement, même par acte authentique, ses opinions d'absolutisme, et déclarât ne voir désormais de salut et de bien-être pour l'Espagne que dans ce mode de système du gouvernement représentatif: le roi, deux chambres; chambre des députés, chambre des pairs héréditaires, la liberté de la presse avec de sages lois de répression, et une charte octroyée et consentie par les pouvoirs respectivement légaux.

Une telle déclaration solennellement manifeste arrête à l'instant la guerre civile, et l'union d'Isabelle II avec le fils aîné de don Carlos satisfait à tout; car alors, c'est le sang des Bourbons qui monte sur le trône, mais c'est le sang Espagnol. Telle a toujours été ma pensée, depuis plus de quatre années. Que les cinq grandes puissances n'ont-elles adopté un tel système, même depuis la mort de Ferdinand VII!

Le sort de l'Espagne eût été irrévocablement fixé. Que de sang qui n'eût pas été répandu, et que d'améliorations qui depuis longtemps auraient marqué l'acheminement vers plus de bien dans ce malheureux pays, que tout unit si étroitement à la France.

L'Angleterre, mon ami, qui dans les raisons même qui l'éloigneraient de la France, trouve les motifs puissans de s'en rapprocher, l'Angleterre a besoin d'être notre alliée, et nous aussi nous devons avoir à cœur d'être bien avec cette puissance. Pour moi qui serais bien avec le peuple Anglais, qui serais bien avec les différens membres de son gouvernement pris isolément, aujourd'hui je marcherais et depuis longtemps avec sa politique. Elle est basée sur des principes trop sages et d'une prévision trop bien combinée dans l'intérêt de qui veut le maintien du juste, du durable, et du bien et du beau, avec toutes les gravitations du progrès pour que j'hésite un instant à être l'ami de son cabinet.

L'homme si essentiellement habile, qui a le *Foreing-office* (lord Palmerston) et qui aurait donné et donnerait à la politique de la Grande-Bretagne une action presque aussi directe que le président du conseil, a parfaitement vu l'Angleterre et l'Europe. Depuis le ministère qui précéda même celui de lord Grey et jusqu'à présent où lord Melbourne tient le sceptre, l'Angleterre a suivi des erremens tout contraires à son ancienne politique, en conservant toutefois tout l'aplomb, toute la haute portée du ministre habile qui, tant d'années, s'est montré le puissant dominateur des plus grands événemens qui jamais aient étonné le monde.

Ce n'est qu'après avoir sérieusement et soigneusement sondé toutes ses plaies et vu au plus exact toute sa situation intérieure avec ce qui s'y lierait exactement dans toutes ses possessions extérieures, que l'Angleterre a porté toute son attention sur toutes les positions probables ou effectives des autres puissances, soit dans leur intérieur, soit dans les situations respectives ou collectives entre puissances au dehors.

Au milieu de la complication la plus effrayante qui dût jamais inquiéter un gouvernement jusque dans ses foyers, l'Angleterre n'a pas hésité à se voir partout telle qu'elle est; elle a comme scruté au plus exact toute sa situation, car les nations ont leur malaise intérieur comme les individus, sachant très bien que sa position extérieure deviendrait d'autant plus difficile que sa domesticité serait plus inquiétée. Elle a voulu tarir jusque dans leurs sources tous ces fermens de discorde constamment agissans; et chose admirable qui prouve encore bien plus l'habileté de ceux qui avaient et qui auraient la direction des affaires, c'est en diminuant, en morcelant même le colosse de sa puissance intérieure, c'est-à-dire de la partie prédominante en tout la nation, qu'elle a accru sa force et consolidé sa puissance.

Les hommes habiles qui, placés sur le terrain le plus glissant qui fût jamais, ont su s'y maintenir en ne cédant que pied à pied pour mieux toutefois ne pas perdre l'équilibre, ont, jusqu'à nos jours, acquis aux yeux du peuple anglais des droits à une éternelle reconnaissance, puisqu'ils auraient comblé le gouffre où toutes les prospérités pouvaient s'engloutir, et à ceux de l'Europe juste appréciatrice du talent de ceux appelés à gouverner les peuples! mais combien ne leur reste-il pas à faire encore! plusieurs causes devant amener du plus au moins les mêmes résultats, si elles n'étaient constamment combattues pour être détruites, sont presque toujours agissantes, et si l'Angleterre trouva longues années dans les événemens mêmes qui auraient dû la perdre, les moyens d'un accroissement immense de richesses et de puissance, les mêmes moyens auraient aujourd'hui à son préjudice des résultats diamétralement opposés. Qui ne prévoit même les causes des malheurs intérieurs, dans toute collision forte au-dehors où il lui faudrait prendre une part active suffisamment importante.

Sa dette énorme dont l'extinction est au-dessus de tout effort humain, quelque habileté que l'on suppose à ceux qui voudraient l'effectuer, et la position de l'Irlande qui n'a cessé d'être moins inquiétante que par la politique habile qui a su concilier l'importance de tous les intérêts que favorise la plus sage prévoyance avec ce que pourraient vouloir de fortes exigences dans un sens contraire, sont autant de funestes appréhensions.

Toutefois, les moyens préventifs du gouvernement ont souvent leurs heureux effets. Non-seulement le cabinet a vu ses intentions et ses désirs parfaitement secondés dans l'administration tolérante, paternelle, mais habile et ferme des hommes si essentiellement recommandables qu'il a placés à la tête du mouvement politique de l'Irlande, mais encore dans le choix exclusif de ces personnages si importans par une carrière si honorablement remplie, commandant partout la considération, le respect et la confiance. En effet, qui ne sait ce qu'ont été toute leur vie, ceux qui, élevés à la dignité de vice-roi d'Irlande n'ont paru au sein de la chambre héréditaire que pour s'y montrer en exemple par l'éclat de leur gloire, comme pour ajouter encore à leurs mérites, c'est avoir nommé les Walesly, les Mulgrave, les Ergeinton, nobles lords, véritables défenseurs et soutiens de la dignité comme de la puissance britanniques.

L'Irlande dont la cause sainte et sacrée, puisqu'elle est celle de tous les peuples appelés à la jouissance de tous les droits politiques, a su intéresser toutes les opinions.

On aime à voir, au sein des deux chambres comme dans les rangs divers de la nation anglaise, ces hommes imposans et illustres, faire pour ainsi dire abnégation de leur influence sociale dans les différentes oppositions, pour s'associer à des ministres sans doute recommandables, et à la direction de leur politique, mais que, dans toute autre tendance, ils combattraient, pour appuyer de tout leur crédit, de tout l'ascendant de leur haute position sociale et du poids des plus incontestables talens, le succès de toutes les améliorations qui doivent successivement naître au bénéfice de l'Irlande, jusqu'à l'instant où elle aura recouvré le libre exercice de tous les droits de la nation avec laquelle elle supporte toutes les charges, en contribuant à tous les bénéfices, et jusqu'à présent n'ayant eu toutefois participation qu'à une partie. Ce n'est même que dans cette indépendance légale, que la nation irlandaise pourrait voir cesser les malheurs inouis qui pèsent sur elle depuis si longtemps.

Honneur donc mille fois à cet homme qui fut si beau, si magnifique, si influent, lorsqu'il était dans les rangs d'une indépendance absolue, qui donna une si forte impulsion à toutes les améliorations qui ont eu lieu ; à celui qui avait épuisé les cent voix de la renommée, pour la trouver muette à l'instant où il faudrait mettre en pratique toutes ses belles théories ; honneur à l'illustre, à l'immortel

Caning, lorsqu'il n'avait pas encore franchi le seuil du pouvoir !

Il l'avait dit : *liberté civile et religieuse dans tout l'univers*, et, à peine au pouvoir, entachant la plus belle des renommées, les chaînes de l'Écosse et de l'Irlande n'en furent cependant que plus resserrées et, dès lors les destinées de l'Angleterre plus compromises sans doute que les Annales britanniques nous le présentent même, avec sentiment d'orgueil, ce citoyen d'Athènes et de Rome, et avec toutes les prérogatives qui lui donnent droit à l'immortalité ; mais qu'une main sage et prudente arrête le burin, pour l'instant où il devint ministre.

Tel brille au second rang qui s'éclipse au premier !

On peut lui faire cette application, quelle que fût son influence lorsqu'il n'était pas ministre.

Et de nos jours, et dans les plus sages prévisions, voyez-les ces membres de la chambre des communes, ces pairs d'Angleterre, seconder de tous leurs efforts le pouvoir lorsqu'il aborde et continue la réforme, tout en le combattant dans toutes autres mesures.

Naguère encore, toute nation qui s'intéresse au triomphe du bien et du juste, n'a-t-elle pas eu à applaudir mille fois à ces assentimens si précis et si manifestes, à cette coopération avec les ministres actuels, hommes habiles et si prévoyans, d'une des plus hautes célébrités de l'Angleterre, d'un de ces hommes placés aux plus hautes sommités de la scène sociale comme pour ne recueillir que mieux partout, estime et considération, en échange des plus incontestables et des plus sublimes talens, lord Brougham.

D'autres causes produisent aussi leurs appréhensions : les affaires du Canada avec toutes leurs tendances qui ont une portée immense, et inquiètent vivement l'Angleterre, comme toutes ses vastes possessions de l'Inde, où germent tant de causes de mécontentement, avec d'impérieux désirs de soulagemens, et toujours en face de tentatives du dehors, à coup sûr non douteuses. Quelque éloignés qu'on puisse supposer leurs résultats, les moindres instans peuvent les activer avec tant d'intensité ! de plus une population immense, toujours avide d'améliorations et d'indépendance, en présence de la richesse et de la puissance immense qui la régissent; telles sont les causes incessamment actives qui laissent un poids énorme dans la balance des destinées de la Grande-Bretagne, avec les prétentions toujours actives et de plus en plus exigentes de sa véritable rivale, les Étals-Unis, vraiment amis de la France.

Sans doute on a confiance dans le bien-être et la tranquillité progressive de cet important pays (l'Angleterre), si on jette les yeux sur le nombre si considérable d'hommes du premier mérite, si propres à en régir les destinées. Ces deux chambres surtout où, quoique dans des rangs si diamétralement opposés, apparaissent tant d'hommes de premier talent! Eh! de quelle importance ne sont pas les dissertations de ces deux tribunes où se discutent si continuement les intérêts des deux mondes! jusque dans les deux hémisphères retentissent les paroles de ces orateurs si profondément habiles! Le politique attentif aime à voir, à étudier dans tous ces discours mille notions du plus haut et du plus puissant intérêt!

Cependant naguère et sans une circonstance qui, tout en paraissant presque puérile, si elle ne touchait et même de fort près à la dignité et à toutes les prérogatives de la couronne, pouvant en être si grièvement offensée, l'Angleterre a failli revoir le sol trembler encore, en se sentant menacée des explosions les plus formidables qui furent jamais. Non que je veuille offenser les hommes honorables qui pouvaient surgir au pouvoir (les Tories), mais seulement caractériser la politique intempestive qu'ils allaient suivre.

L'Angleterre doit à sa jeune reine (8) d'indicibles actions de grâces, quant aux malheurs que sa fermeté et le soin de la conservation intacte de la prérogative royale ont si essentiellement conjurés.

Il faut à l'Angleterre une longue paix européenne. Tous ses efforts tendront à la vouloir et à la maintenir par tous les moyens en son pouvoir; de là ce qui l'attache si di-

(8) Sa majesté, a dit lord Melbourne, ne pouvait approuver la composition de l'administration projetée sans compromettre son honneur, a dignité de sa couronne et sans renoncer elle-même à toutes les affections de la vie privée.

rectement à la France où elle veut voir les causes et les moyens qui peuvent et doivent y rendre stable tout ce qui peut affermir et continuer la paix, du plus au moins sûr garant de la paix du monde.

A l'époque même de la révolution de juillet, elle vit presque la première ces causes disparaître, en même temps qu'elle sut voir et présager ce qui devait les faire revivre et les cimenter à toujours. C'est dans cette pensée et dans les moyens analogues, que sa politique a marché jusqu'à aujourd'hui. Les mêmes motifs de plus en plus certains et de plus en plus puissans doivent donner encore plus d'action et d'activité à cette politique.

Cependant cet horizon qui depuis si longtemps s'obscurcissait dans l'Orient, en présageant d'horribles tempêtes, a comme lancé la foudre et les plus graves intérêts sont en présence. Les deux puissances qui depuis si longtemps se mesurent de l'œil, à tout instant se menacent de plus près, malgré certaines apparences contraires, ces deux puissances doivent incessamment en venir aux mains, ou il y aurait comme un dérangement subit dans l'ordre primordial des lois de la nature.

Rappelons-nous, mon ami, le voyage à Saint-Pétersbourg, en qualité d'ambassadeur extraordinaire, d'un des hommes les plus influens de la Grande-Bretagne, lord Durham, et par ses talens et par sa haute position sociale et par la prépondérance que son beau-père (lord Grey) a longtemps exercée à la tête des affaires, comme président du conseil des ministres, à cette occasion tout ce qui fut fait et dit, soit en Russie, soit à Londres. Alors commença à germer plus fortement dans les personnes ce qui depuis si longtemps germait dans les choses, et de plus en plus jusqu'à aujourd'hui avec tous les symptômes de la plus formidable explosion.

Ces deux puissances se disant amies, manifestant certains dehors même fort significatifs analogues, et toutefois dans les faits les plus positifs et les plus importans, le plus explicitement ennemies, devant par cela même le devenir de plus en plus.

Cependant l'héritier présomptif de la couronne de Russie n'en est pas moins venu en Angleterre, après ses nobles excursions en Italie. La nation anglaise, si jalouse dans ceux qui la représentent de voir en pratique, selon les circonstances, tout ce que prescrivent les hautes convenances et la plus exquise urbanité, a rivalisé de zèle dans les manières de célébrer dignement un tel hôte, et disons-le, partout le jeune prince a fait preuve de beaucoup et même de beaucoup de tact.

La jeune reine, dont les fêtes d'été commençaient, lui a donné la main dans un quadrille; sa majesté a même dansé avec un gentilhomme russe.

Lord Palmerston, ministre des affaires étrangères, mais non comme président du conseil, lui a offert un splendide festin.

Lord Wellington a invité le jeune prince à une fêté magnifique.

On sait que S. A. I. a souscrit pour 300 livres sterling pour le monument à ériger au duc de Wellington. Tout politique s'arrêtera même fort attentivement à cette circonstance, car là est consacré, même fort explicitement, le principe vivifiant de la Sainte-Alliance, qui a réglé les affaires de Belgique et de Hollande, comme elle va le faire pour celles d'Espagne. Mais cette fois (je m'en réjouis au centuple), en ayant donné gain de cause et véritable triomphe, ainsi qu'elle l'a fait dans le maintien du ministère Wigts, à trois principes dominans, dont on croyait la réunion et l'égal succès impossibles, comme je l'ai déjà dit, principe monarchique dans toute son extension, principe libéral dans toute la latitude de ses exigences, idem principe industriel et commercial dans tout ce qu'il veut et commande.

Lord Londonderry, frère, je crois, de l'immortel Castelreagh a aussi noblement fêté le prince.

Mais c'est surtout à la fête donnée par la Compagnie russe qu'il faut s'arrêter.

Tout ce que l'Angleterre a de grand et d'influent, soit à la chambre des lords, soit à la chambre des communes, soit dans le commerce, et les hautes positions sociales, y ont assisté, de même que le corps diplomatique et les ministres.

Pour tout homme qui a de suffisantes notions politiques,

il est évident qu'à ce dîner là même, le principe de haine qui divise et divisera pour si longtemps la Russie et l'Angleterre, s'y est montré à nu et même fort suffisamment développé.

L'inimitié et la guerre entre les deux puissances sont fort évidemment dans le toast porté par M. Pozzo di Borgo, ambassadeur de Russie, comme dans celui de lord Melbourne, président du conseil des ministres de la Grande-Bretagne!..... « Puisse l'amitié séculaire qui unit les deux nations, *durer encore longtemps*....! » a dit M. Pozzo di Borgo.... ., *durer encore longtemps* ....!!! *laissons de côté toutes autres circonstances*, a dit lord Melbourne, pour ne voir que les convives!........ *laissons de côté toutes autres circonstances*........!!! Puis il s'est étendu sur les apparitions fréquentes que Pierre-le-Grand aurait faites en Angleterre, pour y venir chercher leçons, erremens, exemples, etc., etc., et presque au même instant la Russie cimentait de plus en plus ses relations et ses intimités avec la Porte et si évidemment, comme on le sait, au préjudice des plus chers intérêts de l'Angleterre, présageant dès lors de bien plus grandes chances de malheur, même incalculables, selon toute la portée que pourraient avoir de si graves événemens.

De son côté, l'Angleterre, après s'être emparé d'Aden, prenait Hérats, empiétant largement sur les droits de la Perse et comme juste, au plus grand déplaisir de la Russie, même en lésant si manifestement ses intérêts.

Mon dire, plus haut exprimé, n'acquiert donc que plus de certitude et de force.

La Perse, mon ami, a plus d'importance qu'on pourrait croire. Ils commenceraient à revivre les beaux jours de ses grandeurs passées, et pour jeter aujourd'hui plus d'éclat! Qui ne sait ce qu'ont été ces rois de Perse dans cette longue hiérarchie qui illustre et agrandit les peuples en anoblissant et en affermissant les couronnes! la Perse a son indépendance à cœur comme toute puissance qui sait produire et s'apprécier.

C'est surtout aujourd'hui, où ses franchises et ses libertés seraient menacées, que les relations de la Perse avec la France et *vice versâ* sont et doivent être d'une haute importance pour leurs réciproques intérêts. De là nécessité entre les deux nations de coordonner de plus en plus les causes qui les rapprochent.

J'aurais à dire plus dans cette latitude, mais ces digressions me mèneraient trop loin.

Je laisse de côté le Portugal. J'ignore quels sont aujourd'hui nos rapports avec lui. Mais ce que je sais, c'est que ses plus chers intérêts furent d'être toujours bien avec la France, et que, pour le bien-être des deux parties, à plusieurs reprises, nos rapports d'intimité ont failli à se cimenter bien étroitement.

Pour les colonies qui ont secoué le joug de la métropole, soit quant à l'Espagne, soit quant au Portugal, et du plus au moins toujours déchirées par les guerres intestines, on doit regarder leur sort comme définitivement fixé, du moins quant à leur séparation.

Il serait impossible aux deux puissances continentales de les ramener à la dépendance; mais si, d'une part, la mère-patrie voit toute prétention d'autorité perdue pour y exercer ses droits, de l'autre, les puissances affranchies doivent sentir la nécessité rigoureuse de prompts et de continuels rapports avec leur métropole.

De ces rapprochemens loyalement opérés, bien immense doit résulter pour les deux parties et c'est à coup sûr dans les rapports d'intimité de leurs anciennes métropoles avec la France que ces nouvelles républiques d'Amérique doivent trouver la nécessité d'être bien avec nous, indépendamment d'autres raisons d'intérêt personnel qui le leur commandent.

L'expérience et les exemples de l'Europe doivent beaucoup servir les peuples de ces colonies comme ceux appelés à les régir; il faut de part et d'autre ce que l'on peut appeler condescendance pour en venir à une véritable stabilité, prendre une forme définitive de gouvernement et goûter alors les bienfaits d'innovations si ardemment désirées. Malheureusement il n'en a pas encore été ainsi, et une des causes premières qui l'a voulu et le voudra même longtemps, si on la laisse subsister, c'est de chercher à s'isoler en entier de la mère-patrie, alors que tout en conservant leur indépendance acquise, tout à gagner pour ces différens États de vivre bien avec elle.

Les moindres notions disent assez si de réciproques avantages lient fortement ces nouvelles colonies avec la France.

Comme je l'ai dit, les bornes de ma lettre déjà trop longue, mon ami, me privent de passer en revue les autres Etats, soit de l'Europe, soit dans les autres parties du globe, en spécifiant les raisons qui les rapprochent de la France, comme les motifs puissans qui sollicitent incessamment celle-ci d'avoir de telles intelligences.

J'aurais eu à parler de la Confédération Germanique des raisons puissantes qui lient à la France les divers États qui la composent, comme pour puiser dans cette alliance, un contre-poids toujours actif à leur bénéfice contre le pouvoir qui les domine directement et contre ceux qui, par d'autres voies essaieraient à inquiéter leurs intérêts.

Je ne puis toutefois passer sous silence l'héroïque Pologne, nation sur laquelle toute l'Europe doit avoir les yeux, avec les sentimens d'une si haute estime.

Je ne doute en rien que, bientôt peut-être, soit dans le conseil des ministres, soit dans le sénat, où les plus hautes influences sociales motivées sur toutes espèces de droits, comme dans d'autres parties de l'empire russe, ne s'élèvent des voix persuasives et éloquentes allant s'identifier avec le cœur de leur puissant monarque pour appuyer et justifier les pressantes, mais si justes prétentions de la Pologne, nation qui a encore tant à produire pour le temps comme pour la postérité.

Donc j'augure bien du sort qui l'attend, la force des choses et ce mouvement de rotation, comme indépendant de la main de l'homme et qui appelle les nations à une ère de grandeur et de bien-être après avoir fait peser sur elles de longues et de pénibles rigueurs; je l'attends aussi de la magnanimité du Czar, qui voudra qu'un acte d'émancipation donne encore plus d'éclat à l'illustration de son règne.

Tout en ne me renfermant pas dans un ordre bien méthodique, je dirai aussi quelques mots sur la Suisse.

Comme il semble que cette main qui a créé et soutient les empires, selon que leur longévité entre dans les décrets de son immuable providence, a voulu tout faire pour la France, il a fallu lui donner cette situation topographique vraiment admirable, qui doublerait en quelque sorte sa force et sa puissance.

Au moyen de cette division territoriale de ces 86 départemens dans une adjacence si serrée et si compacte qui la rend un tout homogène si parfait; d'une part défendue par les Pyrénées et par les Alpes, et de l'autre par la mer et le Rhin, la France dans ses frontières se trouverait par là comme enclavée par une circonvallation égale à autant de forteresses, rendant toute irruption sur son territoire fort difficile.

Mais remarquons aussi où elle trouve de puissans et de sûrs appuis, soit par la situation topographique des peuples qui lui sont dévoués, soit par leur fidélité. Eh bien! que ne pas dire de la Suisse, cette nation si heureusement favorisée du ciel, tant par le mode de gouvernement qui la régit, que dans les sites admirables de son territoire; là est une alliée sûre et toujours disposée pour la France.

Ces cantons qui, tout en participant à tous les mouvemens de la civilisation, semblent cependant comme isolés du reste de l'Europe, en s'administrant comme dans une seule et tranquille famille!

C'est une chose reconnue et avouée de temps immémorial qu'une partie de la population suisse va s'enrôler et servir dans les autres patries. Jamais gouvernement n'eut à récriminer sur l'exactitude et la loyauté de ses engagemens. A tort, on a blâmé la restauration d'avoir eu à sa solde des régimens suisses; rien là qui dût offenser, irriter l'orgueil national.

Que disait-il, mon ami, cet homme aussi universel dans les éloges qu'il a reçus partout? Que son talent est sublime et varié, lui auquel on ne contestera pas sans doute de ne pas aimer la gloire et l'indépendance nationales, Voltaire, en parlant de la Suisse? « cette nation vaillante et généreuse, » s'écriait-il, qui depuis cent cinquante ans n'a cessé d'é» puiser son courage et de verser son sang pour la France!

Et celui dont personne plus que moi n'admire la gloire militaire et les talens administratifs, comme cette foule presque innombrable d'hommes du premier mérite en tous genres qui immortalisèrent son règne, Napoléon, croit-on qu'il s'entendait à tout ce qui touche aux prérogatives exclusives des libertés publiques, qu'il eût complètement affranchies, si son plan de subjuguer en même temps l'Europe tout entière se fût réalisé; croit-on qu'il avait à cœur de ne rien faire qui blessât, qui inquiétât l'armée ? Eh bien! ne confiât-t-il pas la gloire de ses drapeaux à des mains qu'à tort on appellerait mercenaires ? Il avait sept cent mille hommes sur pied, et cependant vingt-quatre mille Suisses fraternisaient dans les rangs de nos soldats! Qui en France l'en blâmait ? l'armée s'en croyait-elle offensée et une seule plainte partit-elle jamais de ses rangs pour décliner la bravoure et la fidélité des Suisses et murmurer contre leur incorporation ?

Honneur mille fois à cette nation vaillante et généreuse et toujours si fidèle alliée de la France! Quant au blâme sur l'action directe de ses soldats à défendre nos drapeaux, comme faisant partie de notre armée, laissons-le pour qui ne raisonne pas. Je m'en réfère à tous les braves qui la composent, comme au sens judicieux de la nation française tout entière.

C'est être tout à-fait dans mon sujet, mon ami, que de jeter en passant un coup d'œil rapide sur l'Asie, d'ailleurs, n'étais-je pas déjà dans l'Asie mineure?

Cette velléité d'examen se lie entièrement à la question actuelle d'Orient, caractérisée comme je l'ai dit plus haut.

L'Asie, où tant d'états et de peuplades suivent le cours de leurs destinées, doit d'autant plus fixer l'attention de tout politique, que la fortune a ses retours périodiques pour les empires comme pour les individus.

L'Asie a été le berceau de toutes les religions comme de toutes les monarchies. On y a vu tout ce que le génie de l'homme peut produire dans sa continuelle tendance à la perfection. Ce feu sacré n'y est pas éteint, quelques étincelles l'y rallumeraient bientôt, en lui donnant même bien plus d'intensité et de force.

On peut crier à l'exagération : moi je dis que les regards de beaucoup de ceux qui en gouvernent les états, comme les peuples qui les composent, n'ont cessé de se tourner vers la France, comme s'ils en espéraient, s'ils en attendaient de grands et d'importans services dans la partie matérielle et morale. Les souvenirs de ce que furent pendant tant d'années nos mutuels rapports dans toutes ces contrées les pressent de toutes parts.

L'Inde, par exemple, où se portent, et de tous points à la fois et à tout instant, tant de pensées et tant de désirs, l'Inde qui trouve dans la cause même qui devrait en faire la puissance et la force, son immense population et sa vaste étendue, les principes même de sa faiblesse et de son mal être, l'Inde a besoin de songer à de nouvelles destinées; peut-être à celles qui furent déjà son partage, dépouillées qu'elles seraient aujourd'hui de tout ce qu'elles pourraient avoir de suranné et d'incompatible avec une marche continuelle d'améliorations progressives.

On saisirait mal ma pensée toutefois si on présumait que j'ai désir de porter envie à différentes situations du dehors établies dans ces pays. Je parle du pays, abstraction faite des parties qui y seraient plus ou moins prédominantes.

Je le dis franchement, mon ami, ce que je peux rappeler ici n'a point pour cause de ramener la pensée sur des possessions perdues par la nature et la force des événemens, là comme en Afrique et en Amérique, l'Angleterre a fait ce que la France eût fait à sa place.

L'Asie, où surtout dans l'Inde le luxe avec toutes ses richesses et son éclat se montre partout avec autant de profusion que la médiocrité dans tant d'autres états, l'Asie veut aujourd'hui plus que de l'or pour marquer sa grandeur et sa puissance.

Ces souvenirs des rapports innombrables de la France avec l'Inde sont chez chaque habitant. On se rappelle toujours avec tant de plaisir ce qui donna bien-être et bonheur! S'ils furent si utiles à ces contrées ces jours d'intelligence entre les deux états, combien la France doit se rappeler ces années où l'or et l'opulence lui venaient en profusion de ces lointaines régions, soit de ses propriétés directes, soit par ses relations commerciales.

Si toutes nos maisons de commerce, depuis les sommités jusqu'aux plus moindres détails qui n'en ont pas moins droit à l'estime, aiment à se souvenir de ce que furent alors nos rapports avec l'Inde, oh! que le sexe devrait en avoir conservé de vives et d'agréables impressions! Jamais les

Françaises ne se montrèrent plus somptueusement magnifiques que dans ces contrées. Éclipsant le faste des cours européennes, on les vit et si longtemps ces femmes gracieusement livrées à toutes les exigences de la plus capricieuse, mais aussi de la plus séduisante indolence, rappeler toutes les merveilles de la féerie, se montrant dans les rues et sur les places publiques, plus éblouissantes et plus belles que les divinités du paganisme même (9).

L'Inde, où l'Angleterre (qui l'en blâmerait?) a su se créer une autre patrie, d'où n'à cessé de jaillir pour elle l'or comme d'une inépuisable source, lui offre cependant partout de continuels motifs des plus légitimes et des plus malheureuses appréhensions. Naguère les journaux anglais eux-mêmes précisèrent des combinaisons du dehors alarmant sa puissance. Ce n'est rien encore. La plus sage prévision le dit, et si le feu s'allumait une fois dans l'Orient, on ne sait jusqu'où pourrait s'étendre l'incendie !

En réalité la France ne possède plus que peu dans ces parages, mais au moral son pouvoir ou plutôt son ascendant y est manifeste. Que de regrets y existent ! ils veulent des espérances, c'est la raison qui le dit, sans qu'on ait à me blâmer d'une telle assertion (10).

On pourrait dire que dans ces pays la fortune n'éprouve nulle interruption dans ses largesses et que moins on lui

---

(9) Si on ne voyait la somptuosité de nos équipages magnifiques et le luxe de ces chevaux de prix, les promenades et les moyens de transport n'en étaient pas moins admirables.

Sur des palanquins magnifiques où l'éclat de la pourpre, le disputait à l'éclat de l'or, précédées, portées et suivies par de nombreux esclaves richement drapés, nos femmes de négocians, plus belles et plus resplendissantes que sur les marches du trône, dans toutes les pompes du luxe asiatique, éblouissantes d'or et de pierreries étalaient toute la magnificence et toutes les grâces des sultanes favorites.

(10) En Asie, les terres concédées à la France dans l'Inde, étaient en pleine fertilité, et la *Compagnie des Indes*, établie par Louis XIV, donnait déjà plus de 40 millions de revenu annuel à la métropole (la France).

Les Hollandais y sont puissamment riches; leurs possessions s'étendent, si je ne me trompe, dans les îles de la Sonde, celles du Cap-Vert et celles du Cap de Bonne-Espérance, où les Anglais ont aussi de vastes domaines. En outre, de tant d'autres parties qui leur appartiennent sur toutes les grandes mers, les Anglais sont aussi maîtres de toutes les côtes du Bengale.

cède et on lui donne, plus elle se montre grande et généreuse. Je le croirais, d'autres destinées sont plus ou moins prochainement réservées à ces peuples, comme à leurs rois, soit par l'action du dehors, soit par le fait de leurs intentions et de leur coopération spontanée et directe. Que de symptômes ne s'y sont pas manifestés comme conséquences de longues causes!

L'incertitude de l'issue des événemens actuellement existans en Orient et toutes leurs tendances ne présagent-ils pas ce qui pourrait se réaliser dans toutes ces contrées d'autant plus accessibles à toutes les tentatives, que les moyens auraient mieux préparé de longue main au dehors comme au dedans!

Comme je l'ai dit plus haut, l'Angleterre a eu, et aura encore longtemps des craintes sérieuses de ces côtés là. Le morcellement, l'ébranlement même ou la disparition comme puissance indépendante de l'empire ottoman, hâterait et même de beaucoup leur pleine justification.

En effet, déjà les puissances envahissantes auraient établi leurs droits progressifs de conquête jusque dans ses propres États, et ce serait le fer à la main que l'on marcherait au cœur de sa puissance. Le coup serait mortel. Cette appréhension, on ne saurait l'en blâmer, la préoccupe au dernier point, et, dans la question actuelle d'Orient, deux causes, quoique diamétralement opposées, lui en présageraient le positif, si elles produisaient leurs effets.

D'autre part, la Russie marche évidemment à son but; elle n'hésite que par l'insuffisance des moyens devenant cependant de jour en jour plus puissans et plus certains. Le besoin de conquêtes enflamme les désirs de son puissant monarque, mais combien d'autres causes dans ses propres États parleraient cependant à son cœur comme à son génie. C'est aussi une gloire durable et universelle, que celle de faire surgir ses peuples aux bienfaits de la civilisation! Cinquante-trois millions d'habitans sur une superficie plus qu'égale à la moitié de l'Europe, superficie où il y a tant à créer et tant à faire!

Je laisse de côté toutes les causes d'inquiétude plus ou moins graves et constamment agissantes qui peuvent tourmenter la Russie. La nature des événemens actuels en

Orient pourrait de plus en plus les compliquer selon la solution ou la continuité de l'état présent.

L'Asie, ai-je dit, où beaucoup de périodiques retours à de nouvelles destinées peuvent s'opérer, a jeté et jette incontestablement et journellement de sérieux coups d'œil sur ses situations passées. Elle se représente avec délices ces beaux jours de gloire, de grandeur et de puissance, la félicité de toutes les nations savamment policées Elle se demanderait pourquoi ils ne reviendraient pas encore, et soit auprès, soit au loin, elle se fixe spécialement sur le peuple où elle trouverait plus d'analogie avec ces temps heureux de son omnipotence en tous genres.

Si chez d'autres nations elle trouve quelque similitude, disons-le, mon ami, c'est surtout la France qui lui présente en tout le véritable type de tout ce qu'elle pourrait désirer comme monarchie, comme gouvernement, comme peuple. En outre, ils furent si fréquens et si longuement continus les rapports de la France avec les différentes parties des États de l'Asie, avec l'Inde surtout.

Pourquoi ne le dirais-je pas? l'histoire est là avec ses innombrables, mais si instructives vérités pour les peuples comme pour les rois. C'est à la France tout entière qu'il importe de le savoir comme à toutes les nations où pourraient s'opérer encore de si véritables prodiges.

Eh bien, mon ami, ce que les rois dans toutes les conceptions de leur génie; leurs ministres dans toute l'habileté de leur politique; leurs armées avec toute l'adresse de la pratique et les ressources de la plus invincible bravoure, ce que la diplomatie tout entière n'eût peut-être qu'ébauché ou ce qui n'eût été accompli même qu'en partie, dans des fleuves de sang et sur des milliers de cadavres, au milieu des ruines des nations, pour n'en recueillir peut-être que désirs de haine et de vengeance, quelques hommes, sans aucun caractère politique, nos parens, nos amis, sortis des conditions les plus ordinaires, même souvent les plus humbles, l'évangile *dans le cœur comme sur les lèvres*, et le signe du salut à la main (c'est une *croix de bois qui a sauvé le monde*, a dit avec autant de raison que de vérité, M. de Montlosier, d'indéchiffrable mémoire) ont appelé et rendu à la civilisation des peuples entiers dans ces vastes régions de l'autre hémisphère.

Sans doute quel est l'homme, quel est le Français qui n'applaudirait mille fois à de si magnifiques, à de si nombreuses conquêtes, au bénéfice de la vérité de croyance religieuse, comme à la jouissance de toutes prérogatives de l'homme civilisé! Mais mes compatriotes, c'est bien autre chose! Je dis à toutes les villes de France, à toutes les situations qui composent ma patrie, et aujourd'hui à la jeunesse française de tout âge et de toute condition: Français, si justement jaloux de voir réussir tout ce qui peut contribuer à la prospérité de la patrie, à l'accroissement de ses richesses comme à tous les développemens de l'intelligence, consultez les archives du négoce de vos pères, fouillez ces nombreuses correspondances, parcourez ces relations sans nombre, et si vous ne vous arrêtez pas à tout ce que la religion et ses ministres firent de beau et de grand, en tout si lucratif pour la France et dans toutes les parties, à l'instant même où sur le sol de la patrie tant d'autres portions étaient incapables de conserver et de produire, fixez votre attention sur ce que les hommes plus haut cités, et sans effusion de sang, firent pour la France, en augmentant partout au centuple son aisance et ses richesses.

En effet, en échange de leurs enrôlemens sous les bannières de la raison et du catholicisme, ces peuples donnèrent à l'Europe, mais surtout à la France, et de prédilection si directe, les produits en tous genres de leur sol, leur industrie, leur commerce, leurs immenses richesses. Tant d'années nos pères et les leurs, dans de mutuels et de continuels rapports, trouvèrent la tranquillité, la prospérité, le bonheur et si souvent l'opulence.

Dans les extases de la plus sincère reconnaissance, ils firent plus, ces peuples, ils donnèrent à la France, la cause première de tout ce qui pouvait de leur part enfanter toutes les prospérités pour nous, leur alliance, leur attachement, leur amour.

Je l'ai dit autre part: si tant d'autres parties en France doivent à la religion et à ses ministres une indicible reconnaissance pour leurs œuvres en tous genres qui, par leur existence, attestent la réalité de leurs causes, le commerce et jusque dans ses moindres détails, conséquemment la France tout entière qui en est alimentée n'est pressée par de moins impératives exigences. Il en a et si souvent et par tant de moyens, fait surgir, maintenu, agrandi, quadruplé toutes les relations et dans tant d'endroits dans les deux mondes! me contredire serait vouloir nier la lumière.

De la part de celui qui ne raisonnerait que matériellement, en France même dans l'intérêt temporel de tous, la religion avec ses dogmes, ses pratiques et son culte doit recueillir partout, tout au plus indifférence, mais jamais offenses, jamais outrages, si malheureusement le respect le plus humble et le plus sincère ne s'y trouvait pas.

Ce sont de ces choses qui ne faisant de mal à personne produisent tant de bien pour tous!

Mais à vrai dire, il n'est plage lointaine où le drapeau français n'ait été salué avec honneur et où le Français n'ait fait quelque bien. Ces souvenirs sont gravés en caractères ineffaçables dans le cœur des monarques comme dans la mémoire des peuples.

Je reviens quelques minutes aux deux principales causes de la question orientale, la Turquie et l'Egypte; respectant les opinions d'autrui, je ne puise guère que dans mes propres notions; je les expose telles que la raison me les suggère.

Deux puissans potentats sont en présence, deux peuples se fixent et s'étudient depuis longtemps, voulant vider par les armes des différens sérieux, véritable mobile de leurs destinées. Jamais situation n'intéressa au plus haut degré toute la diplomatie européenne et les plus chers intérêts des nations. Ceux qui ne donneraint à de tels événemens une telle portée auraient de bien courtes vues en politique, toutefois dans tous ces conflits, on pourrait presque dire que la France a le moins à perdre et le plus à gagner, quelles que soient les chances.

Il ne s'ensuivrait pas toutefois, qu'elle dût, même dans ces parages, rester dans une complète inaction. Loin de là; elle doit s'y montrer grande et puissante, avec déploiement de forces en rapport avec sa véritable situation. *Si vis pacem, para bellum*; donc, mon ami, nous devons applaudir à la sollicitude du roi et de ses ministres, comme à l'empressement des chambres à avoir demandé et voté le crédit supplémentaire de dix millions, pour les armemens et accessoires nécessaires dans le Levant: seulement on a trop tardé, on y a même pensé trop tard.

Il serait plus qu'utile que l'escadre destinée à naviguer et à stationner sur toutes ces côtes, explorât *partout*, et que notre pavillon, après avoir salué les Dardanelles, fît voile vers la mer Noire, parcourût l'Euphrate, visitât le Nil et se montrât jusque dans le golfe Persique ; il serait vu partout comme ami. Elles sont si importantes pour ses rapports commerciaux, toutes les relations que la France peut avoir dans toutes ces latitudes ; on n'y aurait pas assez pensé.

Si je ne cite pas différentes circonstances qui depuis fort longtemps ont largement replacé notre marine au rang qu'elle doit avoir sur toutes les mers, tout en nous tenant dans les limites du droit, du juste et de la raison, et ne donnant pas à de fausses théories tout le positif d'une pratique acquise, que je rappelle l'attention publique sur un homme qui s'acquiert de plus en plus de véritables droits à toute sa reconnaissance.

L'amiral Baudin a rendu et continue à rendre à la France sur les côtes du Mexique de véritables et d'importans services et même bien plus grands qu'on ne pourrait croire.

C'est aussi une heureuse pensée que d'être allé fraterniser avec tant de milliers de nos compatriotes et applaudir au nom de la France aux succès de leurs efforts en tous genres. Peut-être est-ce une autre Carthage qui s'élève, destinée à conquérir et à amasser autant d'immenses richesses!

Qui a dit, que bientôt peut-être, comptant sérieusement au rang des Etats constitués, cette nouvelle république, après avoir pris définitivement le mode de gouvernement qui lui convient, ne se fera pas rechercher dans ses rapports et dans ses alliances.

Tendant une main amie vers la mère-patrie, elle y trouvera tous les soins et toute la sollicitude qu'impose la reconnaissance de tels droits.

Elle devra d'autant plus participer à toute leur immunité, qu'affranchie totalement de leur action directe, ce ne serait que comme par déférence qu'elle s'inclinerait devant un tel patronage. Donc espérons de beaux jours pour les nouvelles colonies du Texas !

Dans cette question d'Orient, question des plus importantes qui furent jamais, même question vitale pour plusieurs puissances, comme dans les temps où elle était l'arbitre de l'Europe en pleine paix, tant ses armes et sa politique avaient d'ascendant et de force, ne parlant même pas des instans où plus tard sa domination à main armée primait partout, la France, aujourd'hui, peut tout voir avec calme et sécurité pour ses propres intérêts, prête à donner ses conseils, son appui, la main à qui les lui demande, ou en manifeste le désir, par le fait seul des circonstances où se trouvent les puissances respectives.

Donc c'est, d'une part, une nation déjà vieillie dans des institutions qui seraient désormais sans vigueur et sans force pour l'élever à la hauteur où le monarque a eu la noble et généreuse pensée de la destiner, en faisant surgir successivement les nombreuses améliorations substituées à tout ce qui, à son insu même dégradant le musulman, jusqu'à lui ravir de sa dignité d'homme, le place dans une situation qui peut et doit être la sienne.

Mon dire n'a rien qui doive offenser la nation turque, même dans toute la hiérarchie qui la compose; au contraire, c'est justement l'apprécier comme on ne l'a peut-être pas fait encore, cette nation, que le choc de tant d'événemens imprévus et les combinaisons diplomatiques ont successivement morcelée, amoindrie, dans la puissance morale et numérique comme dans sa situation topographique.

Sans doute ces causes de faiblesse, si peu propres à raffermir son courage et à exciter son espoir, ne peuvent que trop enhardir les agresseurs. Mais si l'empire ottoman, si celui qui en est l'ame aujourd'hui et auquel on ne saurait refuser une véritable capacité et de hautes vues politiques, le sultan Mamoud, se réchauffant, se ravivant aussitôt, malgré tant et de si continuelles pertes, et l'impuissance d'institutions nuisant si naturellement à toute grande entreprise, trouvaient cependant, non dans ce qu'a été cette nation, mais en ce que furent ceux qui devinrent la proie de ses succès, une cause comme surnaturelle de devenir tout-à-coup puissance solennellement prépondérante!

Sans doute l'islamisme est pâle et défaillant aux seuls souvernirs de ce que fut l'empire d'Orient! si l'empereur, si le divan, si les divers chefs de tribut, si les cadis et les imans pour lesquels une telle vérité, si féconde en tant de circonstances, toutes des plus importantes ne saurait cependant être perdue ou oiseuse, la laissaient comme inaperçue, le peuple musulman se la rappellerait peut-être pour en réchauffer d'autant plus les besoins d'un patriotisme inusité jusque là, mais pouvant produire les plus heureux résultats!

A commencer par l'empereur, vraiment homme à la hauteur de son siècle, tous ceux qui composent la hiérarchie des divers pouvoirs de l'empire, sentent, comprennent les vérités puissantes jaillissant de la situation qui a précédé l'empire du croissant comme de celle même où il se trouve; s'ils hésitent à les manifester, c'est que peut-être ils ne connaîtraient pas encore les dispositions de ces peuples, pourtant plus capables qu'on ne le pense à se rendre à toutes les exigences de nombreuses, mais d'heureuses innovations! Donc, placer partout dans les villes et les provinces de l'empire, comme fait historique ce que fut cet empire immense avec toute sa puissance et toutes ses grandeurs, alors la nation musulmane se trouverait tout-à-coup comme sous un nouveau sol pouvant de rechef toujours enfanter de si ravissantes merveilles.

Mais la question la plus pressante est de conjurer l'orage présent de quelque part qu'il puisse venir, et si toutes les raisons possibles veulent de la part des puissances, le maintien fort indépendant de l'empire du Croissant, il ne s'en suivrait pas cependant que la politique dût fermer accès à qui, par le sort des armes, briserait cet enchaînement suranné, faisant rétrograder les peuples, pour substituer au koran et à l'islamisme, les institutions d'une civilisation nouvelle en tout appropriée aux besoins comme aux intérêts des nations modernes, en s'emparant, et se l'identifiant, de tout ce qui du passé n'est point contraire au succès croissant du progrès.

Cette situation, sans doute éventuelle, mais plus rapprochée qu'on ne croit, doit donner fortement à penser à la puissance ottomane, mais aussi aux cabinets des différentes puissances.

Je ne saurais être blâmé, même par les Turcs, de préciser une situation que de hautes combinaisons et de puissans, même de forts puissans moyens pourraient seuls faire avorter, ceux même pouvant réaliser dans leur intérieur et sans coup férir toutes les améliorations possibles pour s'identifier de plus en plus avec tous les progrès de la civilisation européenne.

Toutefois, le fait sur lequel il ne peut y avoir qu'unanimité dans les calculs de la diplomatie, sauf les intérêts qui ne verraient que le *primo mihi*, abstraction faite de l'intérêt combiné des autres Etats, c'est de maintenir intact, indépendant, l'empire ottoman, comme établissant un juste et continuel équilibre, entre toutes les prétentions existantes ou éventuelles des différentes puissances dans le Levant. Sa disparution comme puissance indépendante, ou la continuité de son morcellement au bénéfice de plusieurs cours, ou seulement d'une seule, serait comme une source intarissable de conflits internationaux partout, de guerres sanglantes et meurtrières, comme des plus désastreuses catastrophes.

Quoique bien en abrégé, telles pourraient être, même prochainement les causes de décadence, de chute, ou d'éclatans succès pour le sultan Mamoud et ses peuples (*a*).

D'autre part, une nation jeune et vaillante, se sentant et se montrant capable des plus grandes choses, commandée par des chefs habiles, et sujets d'un roi méditant pour ses peuples, vraiment des améliorations immenses alors que déjà elle a ressenti et continuement goûté les douceurs de celles déjà introduites; de plus, pleine d'espoir dans le jeune monarque, digne héritier de son père, d'un instant à l'autre pouvant prendre les rênes de l'état, aussi capable qu'il s'est montré dans les conseils que sur les champs de bataille; des soldats aguerris, bien commandés, une marine savamment établie, des trésors, le désir énergique d'une indépendance absolue, pour marcher pleinement dans toutes les voies de la civilisation européenne et sur-

(*a*) *Voy.* la note page 54.

tout de la France, le tout, dis-je, avec une confiance si vraie dans le vice-roi Méhémet-Ali et dans son noble fils (11), Ibrahim-Pacha, voulant et pouvant si bien faire le bonheur de ses peuples; tels sont les élémens de puissance prêts à se heurter fort sérieusement contre l'empire turc pour en détruire à leur profit ou en neutraliser la puissance.

L'Égypte n'a rien à craindre de la France; au contraire, ses intérêts les plus chers l'unissent à nous, alors que mille raisons lui font tout redouter de deux autres puissances, l'une directement, l'autre par contre-coup, mais toutes les deux devant miner son pouvoir ou le détruire, sauf qu'elles eussent à cœur de la faire surgir sur les ruines de l'islamisme.

L'Égypte aussi trouve, dans sa grandeur passée, les mille raisons de redevenir puissance indépendante et de prendre rang imposant au banc des nations. Que n'a-t-elle été comme monarchie et comme peuple! Son origine et toutes ses grandeurs, comme telle, se perdent dans la nuit des temps, mais non pour y trouver amoindrissement de puissance et d'autorité! Comme peuple et comme gouvernement, que n'a-t-elle fait par son propre génie pour tous les autres peuples! Ce feu sacré pouvant enfanter tant de prodiges chez les nations comme chez les individus, ne serait pas éteint; à la moindre étincelle il peut se raviver; il scintille déjà, et son activité doit produire de grandes choses.

Peut-être est-il donné à la France d'en avoir fait jaillir les premières étincelles; mais pourquoi le vice-roi et son noble fils, comme leurs sujets ont-ils usé avec tant de parcimonie dans l'envoi de leurs enfans en France? Les familles, dans leurs propres intérêts, doivent agir plus largement. C'est surtout l'enfance qu'il faut nous confier, et en grand nombre. De bonne heure on la plie à toutes les heureuses dispositions, en la familiarisant avec tout ce qu'il importe à l'homme de connaître, de savoir et de faire. Ah!

---

(11) Ibrahim est petit-fils d'une française, et lorsqu'il rencontre quelqu'un de nos compatriotes, il n'oublie jamais de lui dire: « Ma « grand'mère était française »; c'est même la seule phrase que le généralissime prononce très-correctement en français.

Son deuxième fils a donné 200 fr. dans la souscription ouverte pour les victimes de la Martinique.

qu'ils ne soient pas éloignés ces temps heureux où cette nation généreuse viendra, avec autant de confiance que de multiplicité, chercher et trouver dans notre belle patrie tout ce que si longtemps elle donna comme en profusion à toutes les nations civilisées, comme à celles que ses exemples et ses efforts appelèrent à l'émancipation politique !

Éblouie, en France, du merveilleux qui partout y règne, comme aussi de tous les avantages positifs qui s'y trouvent, elle remontera aux causes de tant de bienfaits, et n'en sera que plus portée à les vouloir dans ses états. Ils y seraient, il est vrai, comme sur une terre natale, dont ils n'auraient été que passagèrement exilés.

Son commerce, avec tous ses élémens de prospérité progressive, peut encore s'accroître par les nombreuses innovations qui y introduiraient de continuels et de plus multipliés rapports avec nous.

Je ne prétends pas dire, toutefois, mon ami, que de grandes probabilités d'accroissemens successifs dans la partie commerciale et industrielle soit dans la politique, ne pourraient se réaliser pour l'empire ottoman. Le vouloir, c'est sans doute beaucoup de la part de l'empereur comme des hommes éminens qui seconderaient ses vues, mais le pouvoir n'est pas aussi plénier. Avec énergie et persévérance, on peut cependant surmonter les obstacles; ils sont grands! les véritables sympathies qui unissent cet empire à la France peuvent aider de beaucoup le sultan Mamoud dans ses généreux efforts.

Donc, dans cette question d'Orient, la plus importante qui fût jamais, puisqu'à sa solution se rattachent les destinées de l'Europe, comme la tranquillité sous cet autre hémisphère, de même pour tout ce qui pourrait se passer sous un autre ciel et dans une partie du globe (12) où de grands événemens ont commencé à poindre depuis bien

---

(12) La France avait de vastes domaines dans cette latitude (l'Amérique) où la fertilité du sol pouvait donner au centuple ; et dans l'espace de trois jours seulement le sort des armes lui fit perdre tout le Québec et le Canada, c'est-à-dire au moins quinze cents lieues de terrain.

Eh! mon ami, il faut bien en revenir là pourtant, indépendamment de toutes ces provinces conquises à la France sur le continent, par l'habileté de leur politique, que n'avaient fait pour cette France qui leur fut

longtemps, et dont les développemens successifs auraient presque surpassé les prévisions politiques les mieux assurées, vont se résoudre de bien importans problèmes ! Là aussi, tôt ou tard la scène offrira de vrais prodiges; alors que sur le continent la paix générale pourrait en être altérée, de même que sur ce qui vit et s'étend comme État au-delà de l'Océan.

Mais, mon ami, la partie vraiment importante de la question et qui devient presque question principale, tout en n'étant que conséquence, est celle à laquelle peu de gens se sont peut-être arrêtés. J'en ai fait la solution pour ma part; n'ayant pas plus jugé utile de l'écrire que de le dire.

Ce sont les chambres qui, pendant la discussion du budget, au chapitre des affaires étrangères, doivent s'exercer à produire pour les analyser avec examen et prudence toutes les éventualités qui pourraient se présenter. De ces discussions habiles et approfondies devront jaillir d'éclatantes lumières, d'utiles documens pour le pouvoir, plus qu'incertain, plus qu'hésitant quant à beaucoup de circonstances qui pourraient se présenter.

Les hommes, ayant quelque influence dans le mouvement politique en France, auraient dû aborder de telles éventualités et les discuter dans leurs probabilités de mal ou de bien pour les autres États, et essentiellement pour nous.

C'est en s'arrêtant à de telles considérations du plus au moins pouvant avoir l'effectif, qu'il peut devenir plus aisé d'assurer la marche à suivre dans la part active ou de neutralité à prendre dans les conseils où se discuteraient les intérêts d'Orient.

Dans le conflit élevé entre la Porte et l'Égypte, soit que le succès par les armes reste à l'un ou à l'autre, à quoi se résoudraient la Russie et l'Angleterre? Et d'après les données certaines et aussi de sages prévisions sur les causes devant amener rupture et collision active et de longue

---

toujours si chère, en Asie, en Afrique, en Amérique, nos rois, leurs ministres, leurs armées de terre et de mer!

Des possessions immenses dans ces trois parties du monde donnant à leur métropole (la France), et annuellement d'immenses richesses prouvaient assez le succès de leurs tentatives et de leurs efforts dans toutes les régions de l'autre hémisphère.

durée entre ces deux puissances, que devrait-il résulter de de mal ou de bien quant aux intérêts de la France, du succès de l'une ou de la défaite de l'autre dans leurs objets en litige?

On ne prévoit guère où s'arrêteraient les hostilités entre ces deux puissances, vu leurs motifs de haine et de jalousie, vu les immenses intérêts qui les divisent, et les forces si puissantes de part et d'autre pour les soutenir et les défendre.

Pour ma part, tout en ne précisant pas le dire, j'assurerais que quel que fût le résultat entre les parties belligérantes, la France n'aurait précisément pas à perdre, bien au contraire, puisque là même pourrait être pour elle le principe ou la suite d'immenses avantages.

Toutefois, grande et généreuse, et ne voulant faire servir sa puissance qu'à pacifier et à consolider, tout en ne cédant rien de ses droits, et ne laissant en rien porter atteinte à sa dignité, la France n'abusera pas de tant d'heureuses prérogatives que lui donnerait la nature des choses; elle ne se prévaudra même jamais de l'ascendant réel qu'elle exercera toujours sur les événemens du dehors, même sûre qu'elle est que son intervention à main armée, ou par voie diplomatique, sera toujours nécessaire aux autres puissances devant si souvent et si activement être demandée par elles.

Du moins c'est ainsi que je juge ce que doit être sa politique, en plaçant ma patrie au rang imposant qu'elle doit avoir dans tout ce qui concerne les destinées du monde politique.

Mais me demandé-je moi, quelle est la position réelle de la France, mon ami, au milieu de cette conflagration, qui selon telles circonstances, menacerait de devenir générale? Unique, et telle qu'elle ne se trouva peut-être jamais quelle que fût l'issue des événemens, rien à perdre en réalité, mais beaucoup à gagner en puissance physique et morale.

Les deux parties belligérantes, soit qu'elles attaquent *ipso facto*, soit qu'elles continuent une réciproque et meçante spectative en en venant au fait, la France, dans son *statu quo* fort indépendant, n'a rien à craindre; et, de l'inaction même des deux autres, sa position n'en devient que plus prépondérante, puisque nul besoin direct ne l'oblige d'agir activement.

Quant aux événemens qui se prépareraient comme action flagrante : d'une part une volonté forte, déterminée, avec longue préméditation ; le tout arrêté sur un plan vaste embrassant les intérêts les plus étendus et les plus compliqués, mais les moyens en rapport avec une entreprise si immense, non encore effectifs, et ne pouvant l'être encore de longtemps au moins comme absolument prédominans; circonstances, toutefois, qui n'arrêteraient pas l'attaque au premier besoin qui la commanderait impérativement, alors que plusieurs éventualités auraient exclus absolument tout délai.

La Russie, que rien n'inquiéterait trop, au moins quant à présent au-delà de ses frontières, sauf quelques particularités qui pourraient cependant avoir de graves importances, la Russie voit de vastes et de riches possessions auxquelles elle pourrait faire subir le droit de conquête, selon la chance des événemens.

L'empire ottoman, comme à sa disposition par des traités que la position la plus critique aurait rendus tous au bénéfice de la partie dont on les aurait sollicités, n'offrirait à ses projets que des chances faciles. Dominant en maître toutes ces mers et les différens détroits pour n'y voir (la France comme hors de cause, tout en pouvant déployer des forces suffisamment imposantes selon les circonstances) qu'une rivale, l'Angleterre, d'autant moins difficile à neutraliser que les causes plus haut spécifiées seraient plus réelles, et que partout le littoral aurait rendu ses transports plus sûrs et plus actifs, la Russie se livre volontiers à de grandes chances de succès.

Une fois maîtresse de la Turquie d'Asie, affranchie par ses propres forces et par les facilités déjà mentionnées de tout obstacle, ce serait en profusion que ses soldats inonderaient le sol asiatique, et là avec les fermens de discorde déjà existans et semés partout, qui peut prévoir les causes de malheurs pour l'Angleterre ?

Pour l'homme qui a de vraies notions politiques, il y aurait pourtant plus de probalités que d'éventualités dans de telles hypothèses.

De l'autre, une nation, dont tous les intérêts en quelque sorte exotiques sollicitent sur toutes les mers, vu ses immenses possessions qui les confinent, la surveillance la plus prévoyante, la plus active, d'autant plus menaçante partout, que d'autres sembleraient songer aux droits de conquêtes, et que les symptômes d'agir se seraient d'autant plus manifestés ; donc, dans une anxiété réelle, l'Angleterre est constamment en éveil.

Indépendamment d'autres causes pour faire même avorter de telles chances mortellement funestes à sa puissance, ce serait bien à coup sûr la réussite du projet qu'on aurait soupçonné depuis si longtemps de la part de l'Angleterre : son ascendant sur la Perse, soit par la force, soit par les traités, de manière à avoir exclusivement la navigation du golfe Persique, appuyée qu'elle serait par les soins de cette puissance, dans d'autres entreprises, conséquence de cette possession.

Elle serait libre alors sur toute l'étendue de la mer Noire, ou n'y rencontrerait que des forces qu'elle aurait d'autant moins à craindre que rien ne gênerait plus toutes ses communications directes, et que toutes ses possessions de l'Inde n'en deviendraient que bien plus à l'abri de toutes les attaques qu'elle appréhende à si juste titre.

Mais aussi quel coup terrible porté à la Russie ; de longtemps elle ne se relèverait de pareils échecs. Donc le cabinet de Saint-Pétersbourg a l'intérêt le plus formel à prévenir, à paralyser tout succès au préjudice de la Perse dans toutes ces contrées, défiant toutefois celle-ci d'une telle contiguité de puissance, alors que tout gain de cause de l'Angleterre sur l'Égypte aurait énormément accru sa puissance dans cette latitude et conjuré loin d'elle les plus terribles orages.

Et dans une telle occurence, pressée de toutes parts par des intérêts si divers, où la Perse porte-t-elle ses pensées, ses désirs ? vers la France dont elle n'a rien à craindre, mais tout à espérer, soit de son action directe, soit de son intervention dans les conseils. C'est à notre cabinet à bien comprendre une telle situation.

Les quelques états, soit de trois, soit de quatre, soit de sept millions et plus d'individus qui confinent la Russie, et forcément suivent comme entraînées par elle ses mouvemens de rotation politique, s'effraient de telles adjacences, craignant que tôt ou tard quelque traité ou quelque droit de la force ne neutralise leur indépendance, présageant par quelque vasselage une complète destruction de puissance libre. De là, ce qui les presse fortement à des alliances qui, quelque éloignées qu'elles fussent, leur donneraient cependant une action de force suffisamment respectable pour n'avoir à craindre du moins de longtemps de pareilles attaques.

Toutefois, sur ces nombreuses et diverses positions, ou certaines ou éventuelles, je ne manifeste point de désirs pour ou contre; je cite ou présage, selon mes données et mes prévisions.

Reste à savoir, après de tels événemens réalisés au préjudice ou au bénéfice réciproque de ces deux puissances, la somme de mal ou de bien qui devrait en résulter pour les autres. De là naît l'action du droit international sur ce que chaque puissance a à faire, soit individuellement, soit collectivement, pour la conservation de ses droits directs ou collectifs comme éventuels, quant aux circonstances qui devraient se présenter.

Plus j'approfondirais toutes les chances que présente la question d'Orient, plus je m'affermirais dans l'opinion que j'ai plus haut manifestée, quant à la situation de la France, situation si belle, si indépendante, mais si prépondérante à l'égard de toutes les parties du plus au moins intéressées.

J'ai dit en commençant que ma politique a toujours eu et aura toujours pour base et pour mobile les intérêts *de la propriété territoriale* et les *intérêts industriels et commerciaux de la France.*

Dans cet exposé succint, je n'avais point à parler *des premiers;* quelque importans, qu'ils soient ce n'était pas ici leur place. Quel examen profond et soutenu ne commandent-ils pas ceux-là, et dans toutes les parties qui le composent, eux, la cause première et indispensable de tous les autres, quoi qu'on en puisse dire pourtant, et eux pourtant pour lesquels et depuis tant d'années on n'a rien ou presque rien fait.

De ma part, objet d'une sollicitude toute spéciale et si profondément comprise, quelle attention sérieuse j'ai dû porter à tout ce qui les touche, quant à la disposition nécessaire des causes qui depuis si longtemps les froissent, les gênent, les détériorent, les amoindrissent en préjudices énormes, comme au maintien, à la création de toutes celles qui les aiderait, les multiplierait, les ferait produire comme au triple. D'autres circonstances amèneront peut-être de ma part les études et les exposés nécessaires pour tout ce qui aiderait au bien qu'ils réclament, et qui, par toutes les raisons d'intérêt général, doit leur être fait.

Quant aux intérêts industriels et commerciaux, il est incontestable, que, quelles que soient les situations existantes, ils doivent largement bénéficier, si la France sait profiter de la situation exacte dans laquelle elle est par rapport à chaque puissance et même *vice versâ*, alors que les éventualités par moi supposées ne feraient que rendre la réussite de tels intérêts bien plus positive, en quadruplant les bénéfices, si toutefois la France savait tirer parti de cette situation, d'autaut plus indubitablement fixée qu'elle serait sur les droits directs ou indirects de ses positions respectives quant aux différens Etats.

J'ai donc eu raison d'intituler ma lettre : Au Peuple Français, puisque de la situation présente de la France, bien comprise et maintenue, pour aller progressivement toujours à mieux, comme des situations hypothétiques, mais pouvant si bien se réaliser, le bien-être peut et pourrait de plus en plus comme s'infiltrer dans toutes les classes de la nation, les plus humbles devant avoir leur part de bénéfice.

La mémoire des peuples est encore bien plus sûre que celle des individus. Eh bien! demandons à chaque nation des deux mondes, à leurs rois, comme à leurs ministres, quels furent avec nous les rapports de leurs ancêtres et de quelle utilité physiqne et morale furent entre tous de tels rapports de plusieurs siècles.

Je n'énumère rien; ce que je sais, c'est que tous ces peuples avec lesquels nous vivions en pleine intelligence n'eurent qu'à se louer de nous; jusqu'à aujourd'hui leurs dires l'attestent assez avec le témoignage de ceux qui leur ont survécu. Toutes les parties qui composent notre nation, et pendant tant d'années, trouvèrent dans ces relations la prospérité et le bonheur avec toutes les jouissances qui en découlent.

Donc comment sommes-nous, et comment allons-nous être en Orient? Aurons-nous su, saurons-nous profiter de tant de circonstances si favorables aux intérêts de notre politique extérieure, en dignité, comme en considération et en puissance, comme en tout ce qui touche aux intérêts positifs et matériels du dedans? Nous le pourrions d'autant plus, que, d'après la nature des choses, il reste prouvé que si la France a ses raisons d'être bien avec les autres puissances, oh! plus que jamais, soit individuellement, soit en nombre plus ou moins considérable, agissant par long examen ou simultanément, toutes les puissances ont le plus grand intérêt à vivre avec elle dans la meilleure intelligence.

Si notre situation n'était pas celle-là, je n'en accuserais pas les intentions du roi Louis-Philippe; je leur ai toujours rendu justice; le bien il l'a voulu, il le veut. Ce sont les moyens qui ont manqué là où il n'a pas été effectué; abstraction faite de ce qu'auraient voulu et essayé les différens pouvoirs qui se sont succédé jusqu'à aujourd'hui, de même que doivent le vouloir les ministres actuels.

Toutefois, quelle que fût la situation exacte ou éventuelle de la France dans les circonstances présentes, il devient comme impossible de pouvoir heureusement en profiter. Il faudrait dans les choses et dans les hommes une unité de pensée et de vouloir qui n'est malheureusement pas; puisque, de plus en plus, tout n'a cessé de se mouvoir dans un sens diamétralement opposé, alors que de plus en plus tout renforcerait une telle situation, mais pour jeter heureusement dans une autre pouvant positivement satisfaire à toute les exigences.

Chose remarquable, quoique par des motifs différens, de plus en plus les divers Etats de l'Europe manifestent toutes leurs intentions de voir se réaliser en France, dans un système de gouvernement pouvant amener effectivement de tels résultats, l'action première donnant en tout la vie, en fait de mouvement politique dirigeant.

Ce ne sont pas les hommes habiles et capables qui manquent à la France, c'est la force des choses qui a souvent rendu et qui rend de plus en plus leurs combinaisons et leurs efforts impuissans, faute d'ensemble dans le penser et le vouloir comme dans l'exécution.

Ce sont donc les moyens qui pourraient réaliser cet ensemble d'opinion générale dans une même sphère qu'il faut se hâter de vouloir, alors qu'au dedans comme au dehors tout concourt à une telle réalisation.

Jamais nation, comme l'a fait la France depuis cinquante ans, n'offrit au monde les réunions diverses de tant d'hommes de talent et de génie dans toutes les parties. Que n'ont-ils fait, pour le temps et pour la postérité, ces génies transcendans en tous genres, qu'enfantèrent et que virent éclore l'assemblée constituante, l'assemblée législative, la république, le consulat, l'empire et la restauration, mais que la révolution de juillet a trouvé tout faits!

Sans doute, et malheureusement beaucoup et beaucoup ne sont plus, alors que de jour en jour les rangs de ceux qui restent ne cesseraient de s'éclaircir; mais tout ce qui rend l'homme digne en tout de ses immortelles destinées est comme inné en France.

L'aigle altier *n'engendre pas la timide colombe.*

Chaque jour nous apprend, devant de plus en plus nous maintenir dans de si heureuses convictions, que si sur les tombes de tous ceux qui ont cessé d'être, au sourire de ces succès, de ces triomphes, qui ont fait de leur vie la plus brillante carrière, tout en versant les larmes des plus amères douleurs, nous ne sommes pas, nous ne serons jamais réduits à dire:

La nature les fit, et brisa le modèle.

Ah! partout en France, mon ami, et à tout instant, on les voit renaître, et comme par enchantement, ces hommes admirables, et si tôt capables dans toutes les parties qu'embrasse l'esprit humain! On dirait que la jeune France, retrempée dans toutes les puissances du génie de celle qui l'a devancée, a reporté partout en action ce qui fit tous ces grands hommes que nous aurions peine à énumérer, et que, joignant aux plus précoces vertus les forces et l'habilité de l'expérience de ses pères, elle se montre encore plus magnifique et plus grande! Quelles espérances ne doivent donc être celles de notre belle patrie!

De quels développemens immenses ne serait pas

susceptible tout ce qui n'est que comme simple aperçu dans cette lettre ; tant dans ce qui est exposé textuellement, que dans tout ce que ma raison et ma réserve laissent à la sagacité de l'homme politique, moi n'en étant pas moins loyal et franc.

Je m'arrête, ce n'est pas trop tôt, mon ami, laissez-moi vous serrer la main et me dire tout à vous de cœur.

Votre sincère ami,

Th. Teulier,

Journalier manœuvre.

P. S. J'ai le plus vif regret que ma lettre n'ait déjà été publiée depuis longtemps ; plus les événemens avec toutes leurs immenses ramifications se développent quant à la présente question, où se rattachent presque toutes les questions politiques européennes du moment, comme je l'ai déjà dit, plus j'ai à le penser.

Sur beaucoup de circonstances qui s'y lient, l'attention de la France se sera éveillée et agira peut-être trop tard.

Dans le cas présent, les intérêts matériels de la France marchent de pair avec ses intérêts politiques.

Que n'ai-je eu le loisir suffisant de me livrer pendant le temps voulu, et avec les matériaux que j'aurais pu me procurer, au soin de traiter à fond tout ce que je n'ai fait qu'ébaucher dans le présent écrit que tout Français a vraiment intérêt à connaître !

Presque chaque jour, si j'en juge par ce que je lis de temps à autre dans les feuilles publiques, ce qui se passe auprès de chaque gouvernement, par rapport à la question dont il s'agit, justifie mon dire et mes prévisions, et me donne raison sur tout, car chacune de mes phrases porte coup et en dit bien plus qu'elle n'expose. Telle est la véritable politique, mais avec le cachet de sincérité et de loyauté qui doit toujours la caractériser.

Th. Teulier,

Journalier manœuvre.

NOTE.

Les délais déjà trop longs qu'entraîne l'impression de cette lettre, me privent de mentionner ici avec détails suffisans, la mort presque subite du sultan Mamoud, avec toutes les circonstances politiques et si importantes qui peuvent en être les suites.

J'aurais dit toutes les craintes et toutes les espérances qui se rattachent, pour la Turquie et l'Europe, à l'apparition au pouvoir de l'héritier du trône des sultans.

Trop jeune encore pour agir par lui-même, ne sera-t-il pas plutôt le prétexte que la cause active et directe de tout ce qui a et aura rapport aux destinées de l'empire turc?

Malheureusement, surtout si comme j'aime à le croire, il veut suivre et même en mieux les erremens de conduite politique de son illustre père, son âge lui refuse de pouvoir employer les moyens analogues!

Telles sont les destinées humaines, c'est qu'à l'instant même où sur le trône avec les grâces de l'enfance, ou avec tout le séduisant inhérent à la jeunesse pour mieux captiver les peuples, leur amour comme leur obéissance, obliger leur assentiment et rendre possible tout ce que méditeraient de bien l'esprit et le cœur, tout jeune monarque prend les rênes de l'état, le manque d'expérience le prive de savoir distinguer sainement la direction sûre de la politique à suivre au dedans comme au dehors, et fait tourner à mal pour lui comme pour les peuples tout ce qui, pour tous deux eût été succès, bonheur et gloire.

Toutefois, les exceptions se voyent parfois; espérons quetel sera le cas présent, quant au jeune empereur, dans tout ce qui pourrait contribuer à la prospérité de son empire!

Il est à remarquer que beaucoup de trônes de l'Europe sont occupés aujourd'hui par des royautés naissantes, quant à l'âge de ceux qui portent la couronne; le nombre même ne saurait tarder à s'agrandir.

Là pourraient être les causes de beaucoup de bien, pour les nations, soit quant à leurs richesses, soit quant aux institutions qui les régissent.

Imprimerie de Lottin de St-Germain, rue Nazareth, 1. — Paris, 1839.

www.ingramcontent.com/pod-product-compliance
Ingram Content Group UK Ltd.
Pitfield, Milton Keynes, MK11 3LW, UK
UKHW021505260726
13993UKWH00004B/1565

9 782329 158686